谨以此书

向"共和国勋章"获得者

全国优秀共产党员

张富清同志致敬

功勋 张富清

张孺海◎主编

中国言实出版社

图书在版编目(CIP)数据

功勋张富清 / 张孺海主编. —— 北京：中国言实出
版社，2022.12
ISBN 978-7-5171-4341-3

Ⅰ.①功… Ⅱ.①张… Ⅲ.①张富清—传记—画册
Ⅳ.①D263-64

中国版本图书馆CIP数据核字（2022）第255521号

功勋张富清

责任编辑：薛　磊　果凤双
责任校对：李　岩

出版发行：中国言实出版社
　　　　　地　　址：北京市朝阳区北苑路180号加利大厦5号楼105室
　　　　　邮　　编：100101
　　　　　编辑部：北京市海淀区花园路6号院B座6层
　　　　　邮　　编：100088
　　　　　电　　话：010-64924853（总编室）　010-64924716（发行部）
　　　　　网　　址：www.zgyscbs.cn　电子邮箱：zgyscbs@263.net

经　　销：新华书店
印　　刷：北京中科印刷有限公司
版　　次：2023年1月第1版　　2023年1月第1次印刷
规　　格：710毫米×1000毫米　　1/16　　15.5印张
字　　数：200千字

定　　价：78.00元
书　　号：ISBN 978-7-5171-4341-3

编辑委员会

主任委员

向　东

副主任委员

冯文礼　李　伟　张作明

主编

张孺海

编委

胡　成　张欧亚　张冠华　田　慧

邱克权　叶明理　苏卓琳　薛　磊

目 录
Contents

都知道你朴实勤勉，却不知你曾战功赫赫。你把奖章深藏在箱底，对战友的怀念深藏心底。从不居功索取，只为坚守使命初心，默默奉献。于国于民，你是忠诚伟大的士兵。

> 我是党培养的一名共产党员，革命军人，我只是做了一些为党、为人民应做的事。我不会忘记党的恩情，会永跟党走。

张富清荣获"共和国勋章"荣誉

　　2019年9月29日上午10时，中华人民共和国国家勋章和国家荣誉称号颁授仪式在人民大会堂隆重举行。中共中央总书记、国家主席、中央军委主席习近平向张富清同志颁授"共和国勋章"。

　　1948 年 3 月，张富清同志参加中国人民解放军，在解放大西北的系列战斗中英勇善战，荣立西北野战军特等功一次、军一等功一次、师一等功一次、师二等功一次、团一等功一次。1950 年被西北军政委员会授予"人民功臣"奖章。2019 年 4 月，他被评为湖北省"荆楚楷模"。2019 年 5 月，被中国建设银行授予"优秀共产党员"和"功勋员工"称号。2019 年 6 月，被中宣部授予"时代楷模"荣誉称号。2019 年 6 月 27 日，中共中央授予张富清"全国优秀共产党员"称号。2019 年 7 月，被人力资源和社会保障部、中组部、退役军人事务部、中央军委政治工作部联合表彰为"全国模范退役军人"。2019 年 9 月，被中央文明委授予"全国道德模范"荣誉称号；被中宣部等九部委联合授予"最美奋斗者"荣誉称号；被国务院授予"全国民族团结进步模范个人"称号。2019 年 9 月 29 日，习近平总书记在中华人民共和国国家勋章和国家荣誉称号颁授仪式上，亲自向张富清同志颁授"共和国勋章"。

视　频

[面对面] 张富清：英雄本色
（来源：央视网）

[面对面] 张富清：95 岁战斗
英雄 深藏功名 60 余载
（来源：央视网）

[24 小时] 张富清：
深藏功与名

[共和国不会忘记]
张富清：深藏功名
甘当公仆守初心

张富清同志
"全国优秀共产党员"称号
颁授仪式今天举行

【央视短评】
深藏功与名
是境界更是坚守

老英雄张富清:
60 多年深藏功名
坚守初心不改本色

张富清: 95 岁战斗
英雄 深藏功名 60 余载

[春天的故事]
95 岁老兵张富清:
深藏功名 60 余载

你是一座山

——记深藏功名的共产党员、战斗英雄张富清

■ 张欧亚　江卉　李思辉　周寿江　胡成　刘俊华

越过山丘，我们看到了另一座山。

那是一座精神的丰碑。

60 多年深藏功名，一辈子坚守初心、不改本色。在部队，他保家卫国；到地方，他为民造福。

最初听到建设银行来凤县支行离休干部张富清的故事，我们有些诧异，有些感叹，甚至有些疑虑：一位功勋卓著的战斗英雄，竟连家人都不知道他的事迹，直到退役军人事务部成立后采集退役军人信息，才揭开尘封半个多世纪的英雄传奇。

走近这位 95 岁的老人，走进他为之奉献的武陵大山，走近他经历过生与死的战场，在深藏功名背后，那些平凡又不平凡的故事，令我们深深震撼和感动……

一

2018 年 12 月 3 日下午，地处鄂西边陲的来凤县。

酉水从县城的一角静静流过，奔向八百里洞庭。

新成立的县退役军人事务局门外，传来一阵急促的脚步声。

县委政法委干部张健全，带着父亲张富清的退伍证来到这里。"为了全面采集退役军人信息，除了退伍证以外，还需要户口簿、身份证、立功证书等，请尽量将与服役有关的材料提供完整。"信息采集员聂海波接待了他。

听了介绍，张健全赶回家中，向父亲说明具体要求。

张富清从卧室一只旧皮箱里，翻出一个红布包裹："都在里面了。"

张健全接过包裹，匆匆折回。

红布包裹层层打开，一枚"人民功臣"勋章跃入眼帘。

聂海波一下子被这枚勋章深深吸引。"只有战功卓著的英雄，才能得到这种荣誉！"他心头一震。

认真清点后发现，勋章的主人张富清，曾荣获西北野战军特等功一次、军一等功一次、师一等功一次、师二等功一次、团一等功一次，并被授予军战斗英雄，还有时任西北野战军司令员兼政委彭德怀签发的《报功书》。

56 岁的张健全也愣住了。记忆中，没听父亲讲过立功受奖的事。

2018 年冬天的一个瞬间，揭开尘封半个多世纪的往事。

这一天，是来凤县退役军人事务局正式挂牌的第 9 天。

二

2019 年 2 月 14 日，湖北日报全媒记者走进来凤县城张富清老人家中。

这是一位 95 岁老人一生中，第一次面对记者回首那战火纷飞的岁月。

建于 20 世纪 80 年代的房屋，室内简陋但整洁。

客厅通向阳台的门关不严实，透着冷风。

张富清和老伴静静地坐在一方台桌前，烤着火。

张健全为我们找来父亲珍藏已久的红布包裹。

张富清所在部队，是著名的西北野战军三五九旅。一张泛黄的《立功登记表》上记录着他的 4 次立功经过：

1948 年 6 月，作为十四团六连战士，在壶梯山战役中任突击组长，攻下敌人碉堡一座、打死敌人两个、缴机枪一挺，并巩固了阵地，使后续部队顺利前进，立师一等功；

1948 年 7 月，在东马村带突击组六人，扫清消灭外围守敌，占领敌人一座碉堡，给后续部队打开缺口，负伤不下火线继续战斗，立团一等功；

1948 年 9 月，作为十四团六连班长，在临皋执行搜索任务时发现敌人，即刻占领外围制高点，压制了敌人封锁火力，迅速消

灭敌人,立师二等功;

1948年10月,在永丰战役中带突击组,夜间上城,夺取了敌人碉堡两座、缴机枪两挺,打退敌人数次反扑,坚持到天明,获军一等功。

1948年12月彭德怀签发的《报功书》中写道:"张富清同志为民族与人民解放事业,光荣参加我西北野战军第二纵队三五九旅七一八团二营六连任副排长,因在陕西永丰城战斗中勇敢杀敌,荣获特等功。"

老人沉思着,仿佛回到那烽火连天的岁月——"我是1948年3月参加解放军的,当时白天黑夜战火正猛,几乎天天在行军打仗。记忆最深的是永丰城一役。

"那天拂晓,我和两名战友组成突击组,抠着砖缝率先攀上永丰城墙。我第一个跳进城内,冲入敌群展开近身混战,战友们打散了。我端着冲锋枪朝敌群猛扫,突然感到头顶仿佛被人重重捶了一下,缓过神来继续战斗。后来又感觉血流到脸上,用手一摸头顶,一块头皮都翻了起来,我才意识到一颗子弹刚擦着头皮飞过,在头顶留下了一道浅沟。

"击退外围敌人后,我冲到一座碉堡下,用刺刀刨出一个土坑,将捆在一起的8颗手榴弹和一个炸药包码在一起,拉下手榴弹的拉环。手榴弹和炸药包一起炸响,将碉堡炸毁。这场战斗一直打到天明,我炸毁了两座碉堡、缴获两挺机枪。战斗结束,我死里逃生,而突击组的另两名战友再也见不到了……"

发生在陕西蒲城的永丰之战，是配合淮海战役的一次重要战役，战况惨烈。

"是什么力量，让您冒着枪林弹雨勇往直前？"

"决定胜败的关键往往是信仰和意志。我们共产党人就是有着钢铁般的信念。"老人的回答掷地有声。他说，"突击队的任务就是消耗敌人。怎么消耗？就是用身体消耗敌人的弹药，为后续部队打开缺口。我是共产党员、革命军人，越是艰险越要向前。"

每场战斗，张富清都争当突击队员。因为打仗勇猛，彭德怀到连队视察时，多次接见张富清和突击组战士。

1948 年 8 月，在炮火硝烟中，他举起右拳宣誓："我决心加入中国共产党，诚心诚意为工农劳苦群众服务，为新民主主义和共产主义事业干到底，自入党以后，努力工作，实事求是，服从组织，牺牲个人……"

采访结束，张富清在老伴搀扶下，从台桌前站起身为我们送行。

这时我们才发现，老人的左腿已因病截肢……

三

2019 年 5 月 10 日，陕西省渭南市蒲城县永丰镇。

怀着对张富清老人的敬意，我们千里寻访英雄的足迹。

漫步永丰镇，战火的硝烟早已散尽，张富清当年和战友们攻下的城墙围寨也难觅踪影。

战役旧址上，建起了永丰革命烈士陵园和永丰战役革命烈士纪念馆，用图文和实物，记录着那场战役的惨烈与荣光。

一座纪念碑矗立天地间，镌刻着王震将军题写的"永丰战役革命烈士永垂不朽"金色大字。

碑前广场上，彭德怀、习仲勋、王震的塑像栩栩如生。

纪念馆内，屏幕上正播放张富清深藏功名的人生传奇。2 月 15 日，《湖北日报》率先推出《95 岁老人是功勋卓著的战斗英雄》报道，引起网络广泛转发，在永丰镇也迅速传开。

"这里安葬着在永丰战役中牺牲的 330 名烈士"，永丰革命烈士陵园管理所所长李巍告诉我们，1958 年，为纪念在永丰战役中牺牲的烈士，当地政府主持修建这座陵园，将烈士遗骸集中安置。陵园现为国家级重点烈士纪念建筑物保护单位。

永丰战役是解放战争中，我西北野战军在彭德怀、习仲勋等领导和指挥下的一次重要战役，是 1948 年冬季攻势中的重大步骤。

永丰战役革命烈士纪念馆碑墙上记载：1948 年，西北野战军对胡宗南部于永丰镇曾进行过两次攻坚战。10 月 5 日至 7 日在荔北战役之永丰战斗中，于该镇全歼敌一个团，活捉团长张泽民；11 月 26 日至 28 日冬季攻势之永丰战役中，于该镇全歼敌七十六军，活捉敌军长李日基。

李日基后来曾回："是夜（注：1948 年 11 月 25 日夜），永丰镇的防守，统由新一师担任。解放军在肃清外围阵地后，即向四周进逼，准备攻寨。我令各部队在寨墙上挖凿枪眼，在寨内空地上挖掘掩蔽部，作巷战准备。"

忆及被俘情形，他写道："天将黎明，北面东段又被突破一个缺口……这时候，我手中一点预备队也不掌握，只带着几个卫士跑到突破口指挥守兵进行挣扎，企图挨到天明，盼飞机前来支援。可是打开缺口攻进来的解放军，发展得很快。我见大势已去，马上回到军部，令参谋长把来往的电报和底稿全部焚烧。正在焚烧时，解放军进到军部所在窑洞。""当时虽然有身边的人替我打掩护，说我是副官，但还是被解放军指认。我只好承认我就是李日基。"（李日基《第七十六军第三次被歼》，收录于中国文史出版社《西北战场亲历记》）

李日基所称解放军打开的"缺口"，正是张富清和战友们舍身攻下的堡垒。

永丰战役及时有力地配合了淮海战役，巩固了澄城、合阳、白水等解放区。

1948年12月1日，中共中央致电彭德怀、贺龙、林伯渠、习仲勋、张宗逊、赵寿山，并转西北人民解放军全体同志："庆祝你们歼敌第七十六军两个整师、第六十九军一四四师和第三军十七师大部共十个整团近三万人的巨大胜利。尚望继续努力，为全歼胡宗南匪军、解放大西北而战。"

战斗胜利了，张富清的很多战友牺牲了。湛蓝的天空下红旗招展，壮士却永不归来。

70 年过去了。2019 年 3 月 2 日，张富清当年所在的三五九旅、现新疆军区某部得知张富清的事迹，特意指派两名官兵到来凤探望。当老人听到"三五九旅的战友"，眼里泪花闪动，他坚强地站起身，行了一个庄严的军礼。

四

20 世纪 50 年代至 80 年代。高山之间，飞云之下。

1954 年 12 月，武汉。

冬日寒风里，一名年轻军官步履匆匆。

风华正茂的战斗英雄张富清，此时面临转业。

最初，他想回陕西老家侍奉母亲，和未婚妻比翼齐飞。

但此时湖北西部的恩施地区缺人才，缺干部。张富清服从组织安排，去了山高路远、条件艰苦的来凤县，"共产党员，要坚决听党的话，党说要去哪里，就去哪里。"

听党的话、服从组织安排，是他一生的信念。

他的未婚妻孙玉兰，也从家乡陕西洋县追随而至。

一块红布，包好用生命换来的勋章。

一只旧皮箱，锁住赫赫功名，封存了戎马岁月。

这对新婚夫妇怀着改变边远山区贫困面貌的憧憬，跋山涉水，一路向西。"一脚踏三省"的来凤，地处武陵大山深处，与湖南省龙山县只隔着一条酉水河。

今天，我们借助现代交通工具，从武汉走陆路到来凤尚需 7 个小时。

当年，张富清夫妇从汉口出发到来凤，穿越崇山峻岭，走了整整 7 天。

那是新中国成立之初一段极为艰难的岁月。

县城仅三街九巷 5000 余人，街市残破；经济凋敝，民生困难，建设和发展任务极其繁重。

张富清夫妇正是奔着这种艰苦来的。"这里苦、这里累，这里条件差，共产党员不来，哪个来？"

带着"在战场上死都不怕，还怕什么苦"的赤诚，张富清来了，一来就是一辈子，从此再也没有离开。

军号已吹响，钢枪已擦亮，部队已出发。

在来凤绵延的群山中，张富清开启了人生第二战场。

他在来凤的第一任职务，是县城关粮油所主任。

电影《难忘的战斗》，讲的是解放初期，反动派特务阴谋卡住城市粮源，颠覆新生的革命政权。面对敌人制造的粮荒，军管会组织粮食采购工作队，深入农村，发动群众，收购粮食，支援城市。

管好粮食，是新中国成立之初尤为重要的一项工作。

张富清一头扎进工作里，处处身先士卒，日夜加班加点。

即便如此，大米还是供不应求。

来凤县史志办原主任叶明理介绍，1953 年 3 月 26 日，国民党还向来凤县卯洞区河东乡响水洞一带，空降过四名武装特务。长期匪患导致当地农业生产严重滞后，国家又刚实施粮食统购统销，加之第一个五年计划正在实施，工业生产任务繁重，粮油所主任面对这样的局面，工作难度非常之大。"大米供应不上时，只能用一斤粮票换五斤红薯，这五斤红薯还得自己去田里挑。"

为彻底解决大米供需矛盾，张富清想方设法买来设备，办起大米加工厂。

那时，他母亲正在弥留之际，陕西老家几次来信，要他回家见母亲最后一面。一次次催促，他都因工作离不开没能回去。

时隔多年，张富清在日记中写道："当时国家正处在困难时期，工作任务重，作为一名共产党员、革命军人，绝不能向组织提要求，干好工作就是对亲人最好的报答，干好工作就是对母亲最好的尽孝！"

1960 年前后，来凤县同样遭受了罕见的自然灾害。"1959 年干旱 82 天，1960 年干旱 42 天。"叶明理说，张富清就是在这样的情况下前往灾情最严重的三胡区（包括现在的三胡乡及革勒车镇部分）任副区长。

为帮助当地百姓尽快恢复农业生产，张富清经常下乡驻队，住的都是最困难的农户家。老百姓吃啥，他就吃啥，按标准付给粮票。

一头扎进农村的张富清发现，当地农业生产所需的小农具严重不足，需要从邻近的湖南省永顺县采购。他就派人到永顺县请来铁匠杨圣，并安排他带领本地几名铁匠一起打制农具。后来，三胡区不仅实现农具自给，还能外销。

1975 年，51 岁的张富清调任当时的卯洞公社任副主任。"组织上考虑他年纪大，安排他分管机关和财贸，本可以不下乡。"时任卯洞公社组织委员董香彩回忆，张富清一到卯洞公社就主动要求到最偏远、海拔最高的高洞管理区（现高洞村）驻片。"他说：'小董啊，我们光当指挥官不行，还要当好战斗员。'"当时高洞最大的问题是没有水，水都漏到地下河去了。张富清到高洞后，一面组织人力下到天坑找水，一面带领老百姓开山修梯田。

高洞在悬崖之间，山路崎岖，生产的粮食运不出去，需要的生产资料又运不进来。"就拿每年上缴供应粮来说，需要全生产队劳力肩挑背扛一周左右才能全部运到镇上。"董香彩说，张富清和大家一商量，决定修路。

到高洞要经过的几条河没有桥。张富清就带头脱掉鞋子涉水过河，夏天水流湍急，冬天冰冷刺骨。

从一遍一遍跑立项，到陪同工程师勘探，再到现场协调施工，张富清总是顾不了家。"每次路过都看见他在现场，有时还同大家一起搬石头。"当时经常到高洞进行家访的中学教师向致春回忆。

几年后，挂壁公路终于修通，张富清又完成了一次突击任务。

无论在哪个工作岗位，张富清都把组织交派的工作当作突击任务去完成。

1981 年，张富清调任建设银行来凤县支行副行长。刚成立的建行，人少事多，条件艰苦。

"既要搞好工作，也要关心职工疾苦。"张富清决心改变这种现状。

田坝煤矿是当时建行最大的贷款户。为保证把放出去的贷款安全收回来，到了年底，张富清干脆打起背包、临时支张床在厂里，与工人们同吃同住，帮助企业抓生产促销售。当年，建行放出的贷款，没有一笔呆账。

建行有力支援了生产建设，自身经营也很快实现良性循环。到 1985 年张富清离休时，建行盖起了办公楼、职工宿舍，职工从当初的 7 人增加到 40 多人。

五

2019 年 5 月 12 日，秦巴大山。

从渭水岸边的蒲城县永丰镇乘班车翻越秦岭，前往陕西南部汉中市洋县，道路两边的山野上，抽穗的麦子，成片的葡萄、樱桃、酥梨，满目苍翠。

洋县，处于我国南北气候分界线上，北依秦岭，南靠巴山，汉江穿境而过。

1948 年，24 岁的张富清，正是从洋县马畅镇双庙村出发，参加西北野战军，投身革命洪流。

双庙村党支部书记李志宏告诉我们，看到报道后，才知道村里出了这样一位深藏功名的战斗英雄，正准备代表家乡人民到湖北看望张富清老人。

而在湖北来凤，与张富清在一栋楼里生活了30多年的老街坊们，也都感慨张富清的"保密工作"做得好：这样一位战功卓著、劳苦功高的大英雄，就在我们身边，怎么从来没有听说过？

董香彩、叶明理，都与张富清有过共事的经历，但都不知道他立下过赫赫战功。

张富清的孙女是一所大学的教师。看到报道后，她写了这样一段话："小时候只听说爷爷是一名退役军人，今天我才了解到他的过往功绩，实属惭愧！爷爷一辈子兢兢业业、勤勤恳恳，至今还每天读报，每晚7点必看新闻联播，关心国家大事。他经常教导我们要珍惜现在的好日子，不要忘本，要勤俭节约，要努力学习……爷爷刚过完他95岁生日。家有一老，如有一宝，愿爷爷奶奶身体健康，这比什么都重要！"

建功不贪功、有功不居功，张富清始终以一言一行诠释着共产党员的政治本色。

在三胡区工作，时逢三年自然灾害，国家机关精减人员，他率先动员妻子孙玉兰辞去供销社的公职。他说："我是党员干部，我不带头，还怎么说服别人，开展工作？"

失去了"铁饭碗"，为了贴补家用，孙玉兰当保姆、捡柴火、学缝纫、打零工，有什么干什么。

那时，张富清分管供销社，坐在"金山"上却始终两袖清风，一尘不染。

有一年，他的大儿子有机会招工到恩施市一家国企。张富清得知后，动员儿子放弃招工，下放到卯洞公社万亩林场。他宽慰儿子："我是国家干部，是为党、为国家、为人民办事，如果我照顾亲属，群众对我怎么看？"儿子住茅棚开荒种地，一干就是好几年。

2018 年，张富清做眼部手术。术前，建设银行来凤县支行行长李甘霖特意叮嘱，张老是离休干部，医药费全额报销，可以选好一点的晶体。但张富清听说同病房的农民病友用的是 3000 元的晶体，坚持要用同款的。他说："我已经离休了，不能再为国家做什么，能节约一点是一点。"

88 岁那年，老人左腿截肢，为了不给组织添麻烦，为了让子女"安心为党和人民工作"，他装上假肢，顽强地站了起来。

近年来，张富清需常年服用降血压药物，他从医院拿药后，就把药锁起来，家里任何人不能用。在他看来，"我的药是公家报销的，只能我用，其他人不能占公家便宜。"

这个从枪林弹雨中走来的汉子，不怕牺牲、不怕艰苦，单单怕脱离群众、怕占公家便宜。

这个走到哪里就奉献到哪里的党员干部，不怕失败、不怕磨难，就怕党的事业干不好、党的形象受损。

干部要过权力关，不易。过家人关，更难。

张富清也爱家人，也疼孩子。只是，他希望孩子们一生过得坦坦荡荡，踏踏实实。

他经常教育儿女："我有言在先，要靠自己的本事考学、工作，我没有能力给你们找出路，更不会用公家的权力给你们找工作！"

四个子女，没有一个沾过父亲的光。

"我们的日子虽然平淡，但过得踏实。这是父亲留给我们的一笔无比珍贵的精神财富。"

六

2019 年 5 月 13 日傍晚，来凤县文化广场。

同往常一样，《我和我的祖国》的动人旋律响起——

> 我的祖国和我，像海和浪花一朵
>
> 浪是海的赤子，海是那浪的依托
>
> ……

张富清的事迹经媒体报道后，沸腾了这座小城，人们争说身边这位英雄的传奇。

许多读者请我们代为向张富清老人致敬，也很想问一问，他怎么能够做到深藏功名，一辈子为党为民，始终如一？

那晚，来凤飘落着小雨。流连在老人门外长满苍苔的小院，我们不忍再惊扰他。

夜色阑珊，烟雨苍茫，街灯徜徉。

我们静静走过酉水河岸，脑海中回响着张富清质朴的话语："一想起和我并肩作战的战友，有好多都不在了，比起他们来，我有什么资格拿出立功证书去显摆啊？"

我们轻轻走过永丰镇的城寨，"听党指挥、能打胜仗"，那烽火岁月里张富清和他那些英勇无畏的战友们前仆后继的身影，在眼前浮动；

我们缓缓走过卯洞的溪谷，"光当指挥官不行，更要当好战斗员"，我们依稀看到他走家串户的身影；

我们默默走过三胡乡的田野，"不忘初心、牢记使命"，共产党人的铮铮誓言，在大山间回荡……

共和国走过 70 年风风雨雨，张富清老人的岗位、身份一再改变，唯一不变的，是他对党的绝对忠诚。从老人身上，我们看到了什么是"不忘初心"，什么是"淡泊名利"，什么是"克己奉公"，我们看到的是一名共产党员的本色。

这位 95 岁的老人，感动了这个春天，感动着中华大地。

让我们再一次向你致敬，道一声"珍重"。

你从秦巴大山走来，经历枪林弹雨的洗礼，穿越世事的浮华与喧嚣，把共产党人的初心和使命铭刻于心，深深扎根在武陵大山里。

你在那里，你就是一座山！

（《湖北日报》2019 年 5 月 25 日）

第一篇

英雄无言 青史留名

都知道你朴实勤勉，却不知你曾战功赫赫。你把奖章深藏在箱底，对战友的怀念深藏心底。从不居功索取，只为坚守使命初心，默默奉献。于国于民，你是忠诚伟大的士兵。

从偶然到必然

——功勋人物张富清发现记

■ 张孺海

2022 年 12 月 21 日早晨，一个同事跟我发微信说：张富清老英雄去世了。我很惊讶，也知道老人一直住在医院，并且几个月都是鼻腔导食了，顽强的毅力一直支撑着老人的生命。但我还是没有想到他走得这么急这么快！为了确认这一事实，我第一时间打电话给张富清的小儿子、我的同学张健全。健全哽咽地告诉我：老爷子昨天晚上走了！不能不信，也无比悲伤！无论老爷子作为隐藏功名几十年的邻家伯父，还是誉满华夏的功勋人物，他都是我们的父辈和亲人！

三年前我们发现老英雄，采访老英雄，宣传老英雄的过程又浮现在眼前。为了致敬老英雄，怀念老英雄，追思老英雄，我不能不提起笔来再次梳理、回顾这一新闻生涯中的最难忘经历！

张富清是湖北日报传媒集团独家发现的重大人物典型，《湖北日报》和《楚天都市报》首发了张富清的事迹，并持续进行跟踪和挖掘报道。

2019 年春节，记者获知张富清事迹，立即意识到这是一个重大人物典型，便赶赴来凤采访。淡泊一生的老英雄张富清首次面对世人讲述了他九死一生炸碉堡、屡建奇功的英勇事迹。

经过媒体的报道，老英雄张富清的故事在全国家喻户晓，他两度受到习近平总书记接见，并获得"共和国勋章"。在第一次报道以后，《湖北日报》报道团队再次深入武陵山区，跨越鄂陕两省，重走英雄战斗故地，走进张富清老人的内心世界，精心写作一篇报告文学精品《你是一座山》。纵横半个多世纪的时空维度、历史与现实的巧妙对接、第一手资料的翔实披露、张富清老人的亲笔订正，作品全方位、多角度、立体地向读者展现了一个深藏功名、坚守初心，却又有血有肉、朴素可感的英雄形象。该作品被评选为"2019 年度全国报纸副刊年度精品第一名"（一等奖），并收入《中国报纸副刊优秀作品集萃》，同时获评"中国新闻奖"二等奖。

张富清这一重大典型的发现有其偶然性，但老人身上深邃的社会价值与现实意义却一直是社会的需求，并富有强烈的时代性和典型性，是社会所呼唤的主流精神。他是隐藏在社会洪流中的一块真"金子"，被发现或许是必然的。在半年之内，他从一个隐于深山默默无闻的邻家大爷到全国家喻户晓的"共和国勋章"获得者，这就证明了他身上丰富而伟大的精神价值极为适应社会与时代需求，这也是新闻界空前成功的报道实践，有必要对其发现与报道过程进行梳理与回顾。

一、发现：同学聚会敏锐捕捉

我的老家来凤县百福司镇，位居湖北省西南角，是湖北省最偏远的地区，有"一脚踏三省"（湘鄂渝）之称。二十世纪七十年代，百福司镇叫卯洞公社。在那儿我生活了十六年，也就是在那十六年里，我结识了张富清的小女儿张健荣、小儿子张健全，我们成了初中和高中同学，同住在一条街上。他们住在公社院子里，他们的父亲张富清是公社副主任。

健全跟我同年生，我们是发小，在少不更事的时候就建立了很深的感情，所以从上大学到工作，几十年来一直保持着良好的友谊。他是我中学时代几个比较要好的同学之一。无论是我回到老家还是他来到武汉，都要聚会见面，哪个家里有什么大事小事都必须要吱一声的。

2018年12月中旬的一天，健全打电话给我，聊到工作和生活琐事，无意中说起在退役军人普查登记时才发现父亲竟然是战斗英雄，有军功章和立功证书。他很惊讶，我也很震惊，我们从小到现在，从来没有听说老爷子有这样的经历呀！老人为人低调、谦逊、和善，工作默默付出，我也经常去健全家，他的父母我也是"伯父""伯母"地叫着的，平时也从没听老人说过打仗立功的事。所以，健全电话里这样一说，作为一种职业敏感，我感到这里面可能有故事。我首先想到：这是不是真的？立功受奖是什么规格？值不值得报道？当下有什么现实意义？因为有这一连串的疑问，我便告诉健全：你把老爷子的"宝贝"保管好，等我春节回老家，确认一下真实性、准确性。我们约好春节回老家后详细说。

腊月二十九，我回到了来凤，和健全约定正月初三相见，也是同学聚会，相互问候家人以后，他把老爷子的"宝贝"拿给我看，确认了其真实性和准确性，这下我被震撼了！

我从泛黄的登记表上看到张富清在西北野战军4次立功的经过：

一、1948年6月，他作为十四团六连战士，在壶梯山战役中任突击组长，攻下敌人碉堡一个、打死敌人两名、缴获机枪一挺，并巩固了阵地，使后边部队顺利前进，获师一等功；

二、1948年7月，他作为十四团六连战士，带领突击组6人，在东马村消灭外围守敌，占领敌人一个碉堡，给后续部队打开缺口，自己负伤不下火线，继续战斗，获团一等功；

三、1948年9月，他作为十四团六连班长，在临皋执行搜索任务，发现敌人后即刻占领外围制高点，压制了敌人封锁火力，完成了截击敌人任务，迅速消灭了敌人，获师二等功；

四、1948年10月，他作为十四团六连班长，在永丰战役中带突击组，夜间上城，夺取了敌人碉堡两个，缴机枪两挺，打退敌人数次反扑，坚持到天明，获军一等功。

张富清因为作战英勇，荣立两次军一等功，并赢得"战斗英雄"称号。1948年12月，一封落款是西北野战军兼政委彭德怀的报功书被送到张富清的家里。

报功书上说："贵府张富清同志为民族与人民解放事业，光荣参加我西北野战军第二纵队三五九旅七一八团二营六连，任副排长。因在陕西永丰城战斗中勇敢杀敌，荣获特等功，实为贵府之光我军之荣。特此驰报鸿禧。"

日后张富清还获得了"人民功臣"和"特等功臣"的奖章。

凭多年的新闻职业敏感判断：这是一个重大典型！这不只是一个好人好事，也不仅仅是一个战斗英雄的传奇故事，他身上展现的是当代军人及退役转业军人的精神风貌，展现的是一位老共产党员的人格力量。他的故事质朴、真实、感人，意义非同寻常！

我的确被老人的故事和精神感动了，我没有想到在我身边还有这么一位精神崇高令人敬仰的英雄！作为从业多年的新闻人，职业的敏感令我兴奋不已，这一重大新闻线索的发现，必须要有一场好的新闻策划，才能不负这位无私的老者！

二、采访：迅速组织多方佐证

正月初七我回到武汉上班。这个事一直让我惦记，因为这是一个可能影响全国的重大典型，其新闻首发当然应该是本集团媒体。由于本人已不在新闻采访一线，主管的是期刊这一块工作，时任湖北日报传媒集团特别关注传媒公司的常务副总编辑。所以一上班我就约了我任《楚天都市报》常务副总编辑时的同事，《楚天都市报》副总编辑、高级记者胡成和《湖北日报》高级记者张欧亚，第二天上午来我办公室商量这个重大新闻线索。

正月初八上午十点，胡成和张欧亚便来到我办公室。当时我分析：张富清的价值评估，第一，他的老部队是西北野战军359旅，可谓根红苗正；第二，他获军功章多，且规格高，被授予"人民功臣"，不是一般的奖章，获奖证书有彭德怀的亲笔签名，可谓居功至伟；第三，2018年下半年国家刚刚组建退役军人事务部，当时在七千多万退役军人中，急需一个不图名不图利，讲奉献，不计索取，报效祖国的退役军人典型代表，也是时代的呼唤与需求，可谓正逢其时；第四，从新中国成立到2019年整70年里，他隐藏功名，默默无闻，一辈子都奉献给了人民解放和社会主义建设事业，巨大的功名与默默的无名形成强烈的反差，具有极大的新闻性、揭秘性与神秘感，可谓新闻价值不可估量！这是一个富有极大新闻价值、社会价值和时代属性的重大典型，一定会在全国引起强烈反响，通过连续的报道，力求得到最高领导人批示，而让老人在国庆阅兵时，走上天安门观礼台！

经过我介绍情况并阐述其新闻价值，我们三人一致认为这是一个好题材并且是独家线索，当时我就提出必须由他们二人亲自去现场采访，由《湖北日报》《楚天都市报》首发，再推及中央各大媒体，相信这个典型能走向全国！

意见统一后，便由胡成、张欧亚带《楚天都市报》宜昌站负责人刘俊华第二天即赴来凤采访。

2019年2月13日（正月初九）一大早，春运还没结束，他们一行便挤上前往恩施的动车，踏上寻访英雄之旅。在路上，他们一直在想，这样一位英雄，会真的没有人知道？经反复百度"张富清"这个名字以及与之相关的关键词，结果网络上干干净净，

张富清
008

没有一丝关于张富清立功受奖的痕迹。这佐证了最初的判断，也坚定了他们采访的信心。

动车转汽车，抵达来凤县已是下午3时许。在恩施州委宣传部和来凤县委宣传部的大力帮助下，记者一行顾不上休整，马上联系到老英雄的儿子张健全。他是来凤县委政法委干部，这次退役军人信息采集，就是他带着父亲的材料去登记的。正是这次登记，57岁的张健全第一次发现父亲竟然立过那么多战功，获得过那么多军功章！

朴实的张健全告诉记者，父亲已经95岁了，一方面不愿意向别人讲述过去的经历，另一方面老人有听力障碍，沟通不畅，可能无法接受采访。在记者请求下，张健全出示了父亲立功证书和军功章的照片。

第二天，由于老英雄不愿张扬，他们就以慕名看望的名义上门拜访，通过老英雄的老伴现场"翻译"，终于让他敞开了尘封已久的心扉。

老英雄的讲述清晰、逻辑严密、情真意切，将记者带回到烽烟滚滚的岁月。更可贵的是，老人不仅九死一生、战功卓著，而且在转业后淡泊名利，继续在平凡的岗位上默默奉献。

尽管老人的讲述、证书、军功章已有足够说服力，但组织上是否有记录呢？他的事迹还有其他旁证吗？记者一行通过老人离休前的单位恩施建设银行，查找到老人档案材料，档案与老人的讲述一一对应。记者又深入到田间地头，找到一些曾与老人共事的同志，向他们了解老人的工作经历、为人品格。譬如，记者无意中听到介绍，张富清作为离休干部，在住院做眼睛手术时，坚持只要和农民病友一样的三千元价格的晶体,而放弃可定制的更高价格的进口晶体;又譬如,张富清在乡镇主持精减员工的工作中,要自己的妻子带头下岗……

一桩桩、一件件感人的事迹,就这样一点点在记者的采访中被发现和挖掘出来;张富清这样一位一辈子不忘本色的英雄人物,在记者的头脑中凸显出来。当晚,记者怀着激动的心情写就《从不提当年勇,直到退役军人信息采集时才发现——95岁老人是功勋卓著的战斗英雄》《在战火中出生入死,泛黄的立功登记表记录他曾攻下敌人4座碉堡 战斗英雄深藏功名六十四载》的报道,分别在《湖北日报》和《楚天都市报》刊发,一则引发全国关注的典型报道就此产生,一位坚守初心、牢记使命、不讲名利、甘于奉献的无名英雄被我们首先报道出来。

三、推送:各方配合影响全国

首篇报道中,记者没有停留在单一故事的报道,而是艰难地查询了64年的原始档案,核实军功章的价值,并沿着老人工作的足迹,寻访其当年的同事和乡亲。记者将其放在共和国壮阔七十年成就与风云的画卷中,从而挖掘并立体展现了他在和平年代深藏功名64年,不忘初心、牢记使命,默默奉献的传奇人生。

稿件见报以后,除了本集团新媒体各平台推送以外,当天我还推送给了中央电视台湖北站、《人民日报》社湖北分社、新华社湖北分社等央级媒体相关负责人,并陈述:这是我中学同学的父亲,是我身边一个熟悉而又陌生的典型,他的精神足以感天动地,希望他们在各自的新媒体客户端推送。因为都是新闻同行和好友，他们分别在各自的新媒体客户端进行了推送，一时间中央电视台和《人民日报》客户端迅速突破十万加点击量，全国 400 多家媒体网站客户端纷纷转发。老英雄张富清的故事在全国迅速传播，可谓家喻户晓！

在第一次报道见报以后，健全曾电话告诉我，第二天把写张富清故事的报纸拿给老爷子看，老爷子质问："你不是说给领导汇报吗？怎么登到报纸上去了？"

此后记者再次采访他，老爷子坚决不说了。直到有人去做老人的思想工作，告诉老人：您过去为党和人民立下了战功，如果现在你把过去的故事讲出来，也是为党和人民立下新功啊，这也是党组织的要求。这样老爷子才敞开心扉，打开话匣子。

如何让这个典型深入人心？湖北日报传媒集团党委高度重视，再次精心策划，决定多角度多形式多媒体地立体再现老英雄的光辉形象。抽调精兵强将，组建报道专班，再赴鄂西来凤、陕西渭南和汉中等老人工作、战斗过的地方，对老人以及他的亲友、同事进行深入的全媒体采访，并持续推出深度报道、系列述评等，加大报道力度，增强传播效果。

特别是精干的采访力量辗转鄂陕两省，纵横三千多公里，深入张富清老人工作地、出生地、战斗地、所在部队，写成全方位、立体报道张富清重大事迹的文字作品《你是一座山》，以大开大合的视角，全景式的呈现方式、富于艺术性的表达，通过历史与现实的巧妙对接，生动展现了一个深藏功名、坚守初心，却又有血有肉、有情有义的英雄形象。在《湖北日报》头版推出后，被人民网、新华网、中国军网等100多家媒体转载。作为代表作被收入人民日报出版社出版发行的《深藏功名坚守初心：95岁老英雄张富清的本色人生》一书中，被一些专家誉为"张富清报道扛鼎之作"，产生强烈社会反响，受到各界高度评价，打动了千千万万人。一些读者评价此文"催人泪下"、"打动人心"。

四、反响：领袖批示规模宣传

2019年5月24日，新华社播发：习近平对张富清同志先进事迹作出重要指示强调，积极弘扬奉献精神，凝聚起万众一心奋斗新时代的强大力量。

中共中央总书记、国家主席、中央军委主席习近平近日对张富清同志先进事迹作出重要指示强调，老英雄张富清60多年深藏功名，一辈子坚守初心、不改本色，事迹感人。在部队，他保家卫国；到地方，他为民造福。他用自己的朴实纯粹、淡泊名利书写了精彩人生，是广大部队官兵和退役军人学习的榜样。要积极弘扬奉献精神，凝聚起万众一心奋斗新时代的强大力量。

到了这一步，与我们最初的设想相一致，也再次证明我们最初对这位重大典型的判断是正确的、准确的。

随后在中宣部的统一领导与指挥下，从中央到地方各级媒体对张富清又进行了集中、规模化的采访与报道，更让这一典型深入人心，也使张富清的先进事迹成为了"不忘初心、牢记使命"主题教育的重要材料。

同时，一些文艺团体以敏锐的嗅觉捕捉到这是重大艺术创作题材，纷纷前往张富清工作生活地来凤县进行采访采风，对老英雄事迹进行艺术化加工并呈现，相继出现了歌剧、话剧、地方剧南剧、音乐剧，电视剧、纪录片和报告文学、长篇诗歌等艺术形式展示老英雄的风采。

五、殊荣：走进北京名至巅峰

2019 年 7 月 26 日，中共中央总书记、国家主席、中央军委主席习近平在京会见全国退役军人工作会议全体代表。看到 95 岁的老英雄张富清，习近平总书记俯下身，双手紧握住老人的手，同他亲切交谈，并致以诚挚问候。

张富清激动地说："感谢总书记，感谢党中央。我是党培养的，我要跟紧党走，做一名党的好战士。"习近平总书记说："你都做到了。你是全党全国人民的楷模！保重身体，健康长寿。"

张富清的事迹通过媒体的宣传，传遍了神州大地，感动了国人。2019 年上半年，多项奖励也如潮涌来。

2019 年 5 月，张富清入选中国好人榜——敬业奉献好人。

6 月 17 日，为贯彻落实习近平总书记重要指示精神，中央宣传部在湖北省来凤县向全社会公开发布张富清的先进事迹，授予他"时代楷模"称号。

6 月 26 日，入选第七届全国道德模范候选人公示名单。

6 月 27 日，《中共中央关于授予张富清同志"全国优秀共产党员"称号的决定》授予张富清同志"全国优秀共产党员"。

7 月 2 日，为认真学习贯彻习近平总书记重要指示精神，经中央领导同志同意，中央组织部、中央宣传部、退役军人事务部、中央军委政治工作部联合印发《关于开展向张富清同志学习的通知》。

此后记者持续追踪，跟访张富清到北京走向天安门广场的激动时刻。7月24日，时隔66年，95岁的张富清在北京度过了"这一生最幸福、最开心的一天"。作为退役军人的杰出代表，他前来北京参加全国退役军人工作会议，受到习主席的亲切会见。

2019年国庆前夕，他又来到北京，获颁"共和国勋章"，这是我国最高的国家荣誉称号！正如我们初期的预想：国庆观礼，张富清登上了天安门城楼！

这是令人感动的一幕：10月1日，张富清受邀观看国庆70周年庆典。为了便于坐轮椅的张富清观礼，组织方专门为他在天安门城楼的白玉栏杆前搭了一个木架平台。当天，张富清坐在轮椅上，身着正装，胸前佩戴的"共和国勋章"在阳光下熠熠生辉，格外耀眼。

这是他最幸福、最激动、最难忘的时刻，他登上了天安门城楼亲眼见证了国庆大典，盛世繁华！

而这一天的到来，在几个月前，正是我们策划设计和力求宣传达到的最高境界。作为最先发现并作出价值判断，进行新闻策划与采访报道的实施者、推动者和见证者，我们感到非常荣光与自豪，这也是我们新闻职业生涯里辉煌精彩的一笔！

视 频

老兵张富清：请带我去人
民英雄纪念碑献一束花

胡成：就这样接近张富清

[正午国防军事] 老兵张富清：
请带我去人民英雄
纪念碑献一束花

张富清人生图记

张富清，男，1924 年 12 月出生于陕西省洋县马畅镇双庙村一个贫农家庭。1948 年 3 月参加中国人民解放军，1948 年 8 月加入中国共产党，1955 年 1 月转业到湖北省恩施地区来凤县工作，历任来凤县城关粮油所主任，县粮食局副局长，县百纺公司经理，三胡区副区长、区长，卯洞公社革命委员会副主任，县外贸局副局长，县建设银行副行长。

1948 年 3 月，张富清同志参加中国人民解放军，在解放大西北的系列战斗中英勇善战，荣立西北野战军特等功一次、军一等功一次、师一等功一次、师二等功一次、团一等功一次。1950 年被西北军政委员会授予"人民功臣"奖章。

1955 年转业时，张富清同志积极响应国家号召，主动选择到偏僻的湖北省来凤县工作，他刻意尘封功绩，扎根贫困山区，带领百姓艰苦创业斗贫困，一心一意为民造福。特别是他 1959 年至 1979 年在乡镇工作期间，带领群众建成的当年堪称奇迹的五大民生工程（石桥半山湾近 7 公里"挂壁"水渠；狮子桥水利水电站；二龙山提水灌溉工程；高洞村几千亩树林，高洞村 7.5 公里"挂壁"公路），为当地老百姓解决了粮食生产、农田灌溉、人畜饮水、发电照明、出行困难等一系列难题。

2018 年底，在退役军人信息采集中，张富清同志深藏功名、坚守初心的先进事迹才被人们发现。2019 年 4 月，他被评为湖北省"荆楚楷模"。2019 年 5 月，他被中国建设银行授予"优秀共产党员"和"功勋员工"称号。2019 年 5 月 24 日，中共中央总书记、国家主席、中央军委主席习近平对张富清同志先进事迹作出重要指示。2019 年 6 月，被中宣部授予"时代楷模"荣誉称号。2019年 6 月 27 日，中共中央授予张富清"全国优秀共产党员"称号，中组部、中宣部、退役军人事务部、中央军委政治工作部联合发文，号召广大党员、干部、部队官兵和退役军人向张富清同志学习。2019 年 7 月，他被人力资源和社会保障部、中组部、退役军人事务部、中央军委政治工作部联合表彰为"全国模范退役军人"。2019 年 9 月，张富清被中央文明委授予"全国道德模范"荣誉称号；被中宣部等九部委联合授予"最美奋斗者"荣誉称号；被国务院授予"全国民族团结进步模范个人"称号。2019 年 9 月 29 日，习近平总书记在中华人民共和国国家勋章和国家荣誉称号颁授仪式上，亲自向张富清同志颁授"共和国勋章"。

战火青春

永丰战役实景图

青年军人张富清

获军功章的张富清

永丰战役实景图

永丰革命烈士陵园

张富清用了几十年的搪瓷缸子

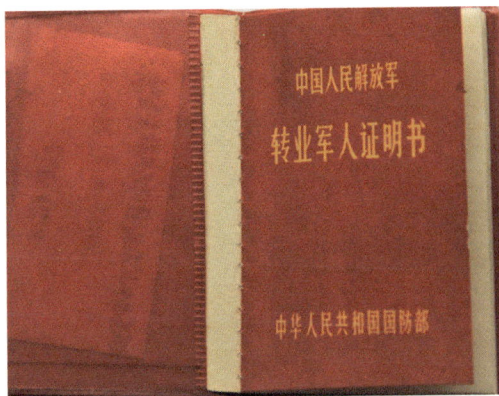

转业军人证书

尘封殊荣

张富清获得的军功章

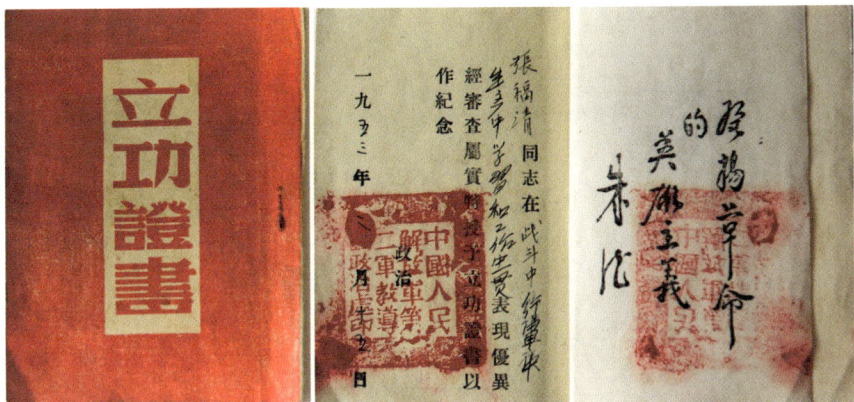

立功证书

立功登记表

报功书

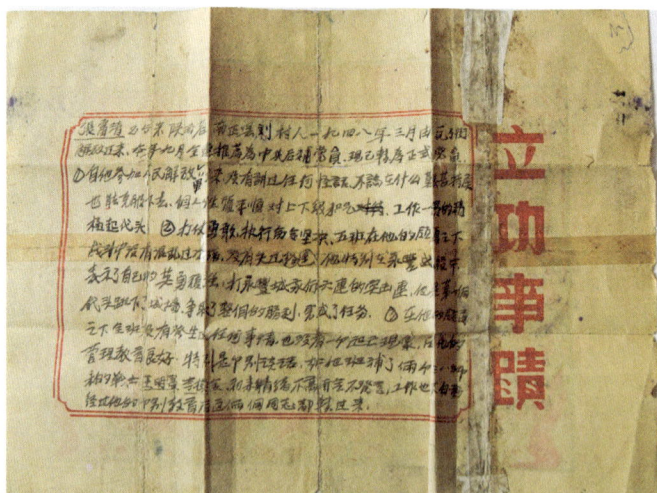

立功事迹

尘封立功奖章证书的皮箱

锁着尘封立功奖章证书皮箱的柜子

老式收录机

简陋的小床

民生工程

1965 年在三胡乡修建的二龙山提水工程

1960年在三胡乡主导修建的半山湾水渠

1963年在三胡乡修建的狮子桥电站

当年狮子桥水电工程预算书

1965年修建的二龙山提水工程

1977 年修建的挂壁公路

1977 年在百福司镇（当年叫卯洞公社）
修建的挂壁公路

当年劳动场景

如今的三胡乡

如今的百福司镇

张富清和同事们在一起

当年的张富清

张富清和同事们在一起，前排右一为张富清

学习不辍

学习中的张富清

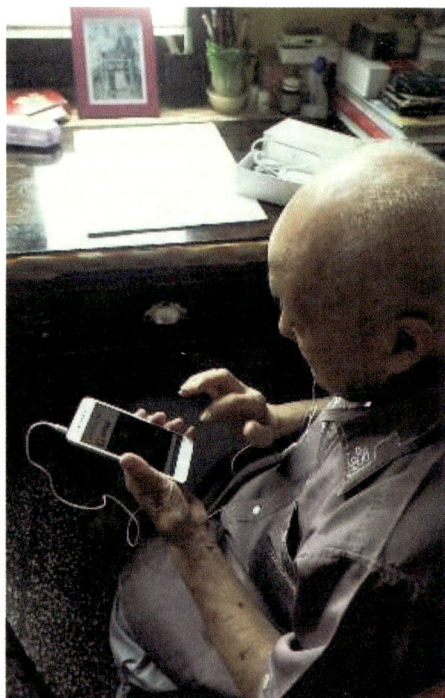

学习中的张富清

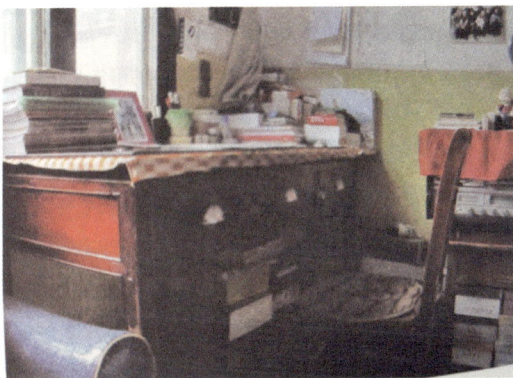

张富清的书桌

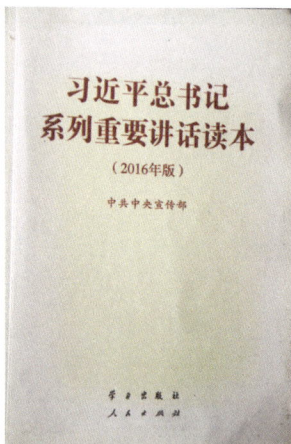

张富清学习的书籍

家和融融

张富清和小儿子张健全

年轻时张富清和家人合影

孙玉兰和四个儿女

张富清夫妇和老人在一起

张富清一家子

张富清一大家人和岳父

张富清夫妇和大女儿

一直挂在张富清家里的相框

张富清一大家人

儿子和女婿陪张富清散步

张富清夫妇和孙子在一起

老有所伴

与街坊邻居在一起

老年张富清

老了仍要自己动手生活自理

浇浇花是一大乐趣

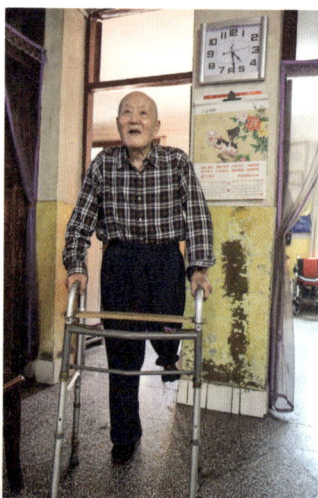
坚持自己锻炼

相扶相携

坚持自己做饭

老两口其乐融融

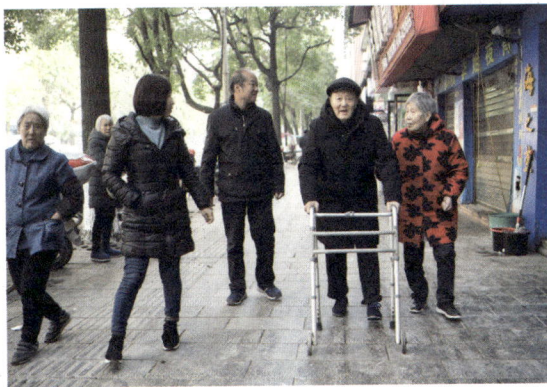

上街行走

菜场买菜

与街坊交谈

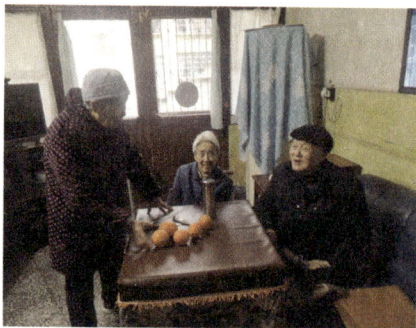
终生与大女儿（中）为伴

老有所伴

不忘党恩

被授予"共和国勋章"

再穿军装的张富清

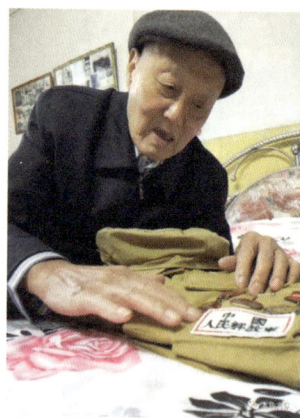

深情抚摸新军装

与当年同一部队的老战友在一起

张富清被授予全国优秀共产党员称号

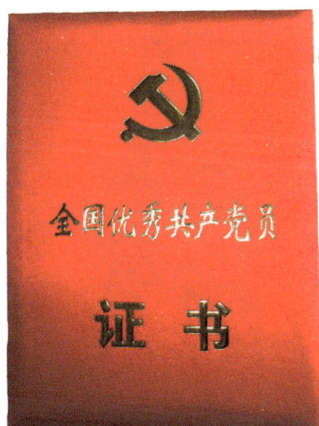

全国优秀共产党员证书和奖章

2019 年参加国庆观礼

在天安门广场向人民英雄
纪念碑敬礼

通过天安门广场去毛主席纪念堂

在毛主席纪念堂献花

第二篇

功勋不朽 舞台传颂

他的事迹不需要任何润色，只要忠实地还原，就能够感天动地。

默默无闻张富清

——电视剧《功勋》

（国家广播电视总局）

重大现实题材电视剧《功勋》

电视剧《功勋》是国家广播电视总局"理想照耀中国——庆祝中国共产党成立 100 周年"展播活动剧目。

该剧取材于首批八位"共和国勋章"获得者的真实故事，以"国家叙事、时代表达"的艺术手法，用单元剧的形式，将首批八位功勋人物的人生华彩篇章与共和国命运串联起来，诠释了他们"忠诚、执着、朴实"的人生品格和献身祖国人民的崇高境界。

重大现实题材电视剧《功勋》

从历史唯物主义的观点来看，英雄不是凭空产生，而是从人民中诞生的。作为英模单元剧，电视剧《功勋》非常突出的一点就是在叙事上形成了英雄与伴侣、英雄与战友、英雄与主管者三组人物关系结构，既以此烘云托月，又以此彰显个人与集体、与时代的紧密关系，从而从更多维度和更深入的层面塑造英雄形象，传播英雄精神。

功勋们的伟大业绩当然来自他们自己的卓越贡献，而这贡献

张富清

却往往意味着其他方面的极大牺牲，首先就是自己最亲密的爱人和家庭。"军功章有我的一半，也有你的一半"就是对这种情况最通俗的表达。《功勋》根据英雄们从事工作的性质，形成了两种不同的家庭关系的叙事向度。一种是主人公从事的是高度机密的国家重大科研任务，如氢弹、核潜艇、导弹等。工作的保密性质，使得他们无法告诉亲人自己究竟在做什么，甚至长期与亲人处于分离状态。另外一种是主人公从事的工作虽然没有保密性质，但同样面临需要长期投入工作而难以顾及家庭，如扶贫、育种、制药等。这两种情况均会导致矛盾冲突，形成公与私，家与国的撞击与选择。

后者则以《默默无闻张富清》最典型。张富清在战争年代有过显赫战功，却一辈子隐藏功劳，只因为他有一个朴素的信念：战友们都牺牲了，我要帮他们完成愿望。不过这信念在家人看来却不近人情。退伍转业本来可以留在大城市或回老家，但张富清却选择了到最穷的偏远地区当副区长，常年在最贫穷的地方驻村帮助老百姓脱贫。他视老百姓为亲人，把妻子舍不得吃辛苦攒下的粮食送给烈属大娘；他身先士卒，带领老百姓修成水电站，但大女儿建珍却因脑膜炎救治不及时留下了终身后遗症；在机构改革的时候，他动员在供销社工作的妻子主动下岗，妻子晕倒住院却无钱交医药费；他不许儿子建国毕业找工作时搞特殊，只能去林场种树；母亲去世时因在修路的紧要关头也无法回家。张富清真正做到了一心为公，爱民如子，舍小家顾大家，履行了一个共产党员的庄严承诺，而他的妻子和孩子却实实在在为此作出了巨大的牺牲。

电视剧通过英雄和家人、家庭关系的展现从情感维度累积了观众对主人公看似难以理解的选择的认同，增强了电视剧的感染力和人物的可信度，塑造了有血有肉感人至深的英雄形象。

张富清老人的故事格外打动人，他就像隐居山林的侠客那样，身负绝世神功，却不愿为名利所累。几十年的时间里，老人把那些战场上获得的军功章雪藏进了那口老皮箱。因为在他看来，自己当年在战场上拼杀，不是为了当英雄，而是为了让更多的人过上好日子。相比于牺牲在战场上的战友们，自己能活着看到祖国变得繁荣富强，已经是最佳的奖赏了。

电视剧《功勋》之《默默无闻张富清》，没有把镜头对准战火纷飞的战场，而是集中在张富清转业地方之后的事迹。也许许多观众爱看战场上的拼杀，觉得热血沸腾，但是战争的目的是为了和平，相对平静的和平建设时期，才是共和国的主流。

单元剧《默默无闻张富清》的拍摄意义，就是在基层默默奉献的意义。就像我们在剧中看到的那样，从我们走的路到我们吃的饭，再到点亮第一盏电灯，背后都有着巨大的努力。就像张富清来到来凤县立下的第一个目标"那就是让社员们的饭碗里，装满实实在在的干饭"，很简单、很朴素的想法。

也许，放在全国的视野中，张富清的功勋似乎有些不够"气势恢宏"——他不像于敏那样研制出氢弹，也不像袁隆平院士那样用杂交水稻，解决几亿人的吃饭问题，更没有屠呦呦那样的"诺贝尔奖"，但是在张富清的身上，我看到了无数默默奉献的人的一生。

换句话说，他们也就是我们身边的普通人，坚守着基层岗位，默默无闻地奉献着。正如那句话所说"革命工作不分高低贵贱"，张富清也说"组织让我去哪，我就去哪"。职业也不分大小，只要始终心向人民，为人民说话办事，这就是问心无愧的标准了。

同样，从《默默无闻张富清》单元我们也看到了模范带头的作用，他们意志坚定，不怕吃苦不怕受累，以身作则，领导群众完成各项工作。有了他，村民们终于吃上了饱饭、走上了公路、建起了大坝、点上了电灯……就像那句"服从组织需要"，背后是坚守几十年的家国情怀，就像无数扎根基层的人所做的贡献即使微小，但也推动了整个社会的向前发展。

电视剧《功勋》的主角都是首批"共和国勋章"的获得者，但他们的经历、事迹却各不相同，有保家卫国的战士，也有献身国防事业的科学家，更有张富清这样在基层默默奉献的普通人。他既是楷模，也是万千个为人民默默奉献的基层干部的缩影，不管他们身处哪个行业，都是为了我们现下的国富民强与幸福安康，值得我们的赞扬和尊敬。

电视剧《功勋》之《默默无闻张富清》事迹简介

张富清，在部队，他保家卫国；到地方，他为民造福。他尘封自己的事迹64年，直到离休，他的荣誉依旧静静躺在那个早已陈旧的皮箱里。64年来，他从未向别人提及此事，连家人也不知道。作为离休干部，他享受公费医疗政策，但他给家里定了一条规矩：家中任何人不能吃他的药，不能占国家便宜。在他的身上体现出的理想和奉献精神，也值得我们学习。

张富清单元，展现西北野战军特等功臣、战斗英雄张富清退役后，从不居功自傲，默默无闻扎根基层，服务百姓，努力践行一个共产党员对国家和人民最朴实无华的承诺。

2012年，88岁的张富清被高位截肢锯掉了左腿。手术前夕，他回顾了战事结束后，响应国家号召主动转业去地方的历程。

在湖北来凤县任粮管所主任的时候，张富清解决了全县五千人要吃的精米问题。在三胡区任副区长时，他率领社员修筑水坝。这期间，母亲病重去世，他也没能回去奔丧。利用在狮子桥刘家坝的水利资源，他群策群力筑坝，建造了电站。大女儿高烧不退，他因公务难以脱身，延误了医治，大女儿的智力永远停留在七岁。中央要求精兵简政，他从自己的头上开刀，让妻子退了职，自此六口之家过起了连当地农民都不如的艰苦日子。张富清调至卯洞公社，在陡峭的山崖上，他带领社员开凿公路，解决了山民们难以走出大山的困境。在建设银行任副行长时期，他下到最基层，吃住在田坝煤矿，收回银行贷出去的每一笔款。

60多年来，张富清刻意尘封功绩，把奖章深藏在箱底，连家人也不知情。2018年底，在退役军人信息采集中，张富清当年的赫赫战功才被人们发现。

《默默无闻张富清》剧照

《默默无闻张富清》剧照

《默默无闻张富清》
单元预告

《默默无闻张富清》剧照

《默默无闻张富清》剧照

《默默无闻张富清》剧照

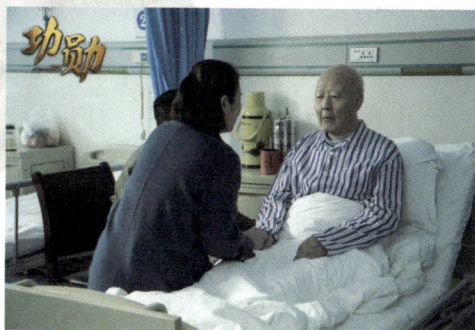

《默默无闻张富清》剧照

《默默无闻张富清》剧照

张
富
清

老兵的"初心"

——民族歌剧《张富清》

（中国歌剧舞剧院）

张富清精神的戏剧化表达

一、叙事结构：虚实结合

在叙事手法上，该剧以倒叙开始，起点是张富清的复员退役。在讲述其人生几个不同时期的奋斗历程的同时，利用插叙手法，通过"闪回"的方式，将张富清对相关事件的回忆呈现出来。如果说倒叙所讲述的是现实事件，那么，在同一个舞台上"闪回"所讲述的事件则体现出虚拟的属性。在舞台呈现上，创作者充分利用了前后场的空间对置，前场是"现实"中的张富清，而后场的纱幕后，则是"闪回"，是张富清回忆：与母亲的分别、与战友的并肩战斗、对连长的誓言等等。

虚与实的结构，在不同场次中均有体现，而通过演员的表演，塑造出了一个有血有肉、有情有义、胸怀祖国、心系百姓，可亲、可信的中国共产党优秀党员和永不退伍的老兵形象。

如第一场"转业"中，他选择把军功章深藏箱底，表面上是不想触碰内心因失去战友而形成的创伤，但他心中所想的实则是一名老兵、一位共产党员如何更好地建设新中国、完成战友未竟的事业。正如他选择去来凤县时，对玉兰所唱："我是党的人，已经把一切交给人民。不管有多穷有多难，哪里艰苦，哪里就是我的战场。"

第二场"管粮"中，他敢于直面"官场"的权力，不惧副县长的语言威胁，目的只有一个：人人平等，不搞特殊化。即他所唱："老百姓吃什么，领导干部也一样。"他与副县长的对唱《粮官》，让人印象深刻，再现了这位刚直不阿、一心为民的党员的优秀品质。这同样离不开娘的嘱托："参军后，您叫娃多立战功当好兵；转业后，您叫娃一心一意为百姓。"而在他与娘的第二次"隔空对唱"中，他唱道："为民造福就是娃的最初愿望。"

第三场"退职"中，张富清对着老连长所唱的《我就是你的眼睛》："我是党的人，一生为人民！无论多苦无论多难，牢记你叮咛。我是党的人，誓言记在心！纵然舍弃一切，也无悔也甘心。"朴实的语言中，让我们看出了共产党员坚定不移的信念。

第四场"修路"中，张富清为了拔掉高洞乡人民的穷根，他带领大伙一起修路，给他们鼓劲、增强信心，帮他们脱贫致富、改善生活。他唱道："要想富就要先修路，我张富清这把老筋骨，要像突击队员挺身而出，拔掉穷根，为民造福。"话语间，体现出一位战斗英雄不服输的铮铮铁骨。而当路修好时，他们又决定悄悄地离开，不惊动群众。

第五场"站立"中，他的伤腿因积劳成疾而病变被截肢，他为了不给组织、他人和家人添麻烦，通过当兵时的种种经历，激励自己重新站起来。正如他所唱："我是个老兵，脚步不能停。我要站起来，我还要前行。这是一个人的战场，我要自己吹响冲锋号前进。迈出一次脚步，就是攻克一个碉堡！揭去一个伤痂，就是消灭一个敌人！登上一级台阶，就是跨过一次雷阵！丢掉一根拐杖，就是获得一次新生。我要站起来，我要向前进。"这是张富清顽强、坚韧性格的真实写照。

第六场"老兵"中，张富清隐藏了60年的真实身份和赫赫战功，被大家所知。在"闪回"的情景中，他回忆起曾经的战斗如何惨烈，那些牺牲的战友、兄弟多么让人心痛，而与他们比起来，自己真的不算什么。"你们才是真正的英雄，人民的骄傲，国家的荣耀"，那深情的呼唤、回肠荡气的演唱，让人感动不已。至此，这位英雄的高大形象，已经深深地刻在了观众的脑海中，并且闪闪发光，照亮了每位观众的精神世界。

此外，还有起到场景转换和人物内心外化作用的视频画面从视觉和听觉角度，对舞台表演起到了有机补充，且并没有太多的违和感，塑造了一位人民英雄崇高的精神特质。

二、"人民"立场："老兵"初心

张富清用60多年深藏功名，诠释了什么是信仰与忠诚，什么是使命与担当。2019年习近平总书记对张富清同志先进事迹曾作出重要指示，"老英雄张富清60多年深藏功名，一辈子坚守初心、不改本色，事迹感人。在部队，他保家卫国；到地方，他为民造福。他用自己的朴实纯粹、淡泊名利书写了精彩人生，是广大部队官兵和退役军人学习的榜样。要积极弘扬奉献精神，凝聚起万众一心奋斗新时代的强大力量"。同年6月，中宣部授予张富清"时代楷模"称号；9月，国家授予张富清"共和国勋章"。毋庸置疑，无论战场还是官场，无论是与敌人战斗还是与贫困战斗，张富清都坚守着"人民"的立场，体现着这位不怕牺牲、不怕困难、永葆英雄本色的"老兵"的初心——对党无比忠诚、为人民谋幸福。

在张富清的身上，我们也看到了"老兵"与"中国共产党员"的有机统一。转业时，他放弃留在大城市工作的机会，放弃优越的工作和生活条件，选择去很穷很苦的鄂西来凤县，身体力行，扎根基层、扎根人民数十年，为了解决百姓温饱、使他们过上幸福生活，隐藏自己的功名，甘愿以一名普通的共产党员的身份为百姓服务，最终带领他们走上富裕之路。表面上看，这体现了一名优秀的共产党员高尚的情操，可实际上，在张富清的人生道路上，曾身为解放军战士的他，从来未曾"退役"，尽管离开了部队、脱去了军装，但是"老兵"这个身份，无论任何人、任何情况都不能从他身上"夺走"，且"老兵"不仅指他自己，更指千千万万为了革命的胜利在战斗中牺牲了的战士们，应该说，"老兵"是张富清的世界观、人生观、价值观以及为人民谋幸福的"初心"的精神支撑。

"艺术是通过形象说话的，形象则是依托故事而成立的，感人的精神如不能转化为立在舞台上的形象，就无法打动人心。只有当史事经过故事化的淬炼，形象才得以塑造，精神也才得以凝练。""老兵"和"中国共产党员"品质的展现，不是靠一声声政治口号来喊出或生拉硬扯地说教，而是靠一件件实事做出来的，还在于对人民群众物质和精神生活的真切关怀。所以，从张富清敢与副县长理论、主动替爱人退职、坚守对老连长的承诺，到带领高洞乡人民开山修路等，无不是一个老兵、一名共产党员对自己"初心"的坚守。这些情节，也让这位藏起战功、低调行事的老兵的人物形象更加丰满、立体，让他高尚的品质呈现在观众面前，同时，也使该剧的思想内涵得到了进一步升华。

民族歌剧《张富清》的多元艺术语汇

一、音乐色彩的多元与民族化

该剧不仅主题立意明确、人物形象鲜明，而且音乐表达充分，青年演员们的演唱也可圈可点，较好地凸显了该剧的主题和深化了人物形象的塑造。

近年来，"我国经典民族歌剧着墨最多、形象鲜明、艺术成就最高、最深入人心的音乐形象，无一例外皆为女性。"《张富清》的成功上演，应该说是近年来继《马向阳下乡记》《沂蒙山》之后，又一部以男性角色为中心的民族歌剧作品。在唱段唱腔的设计上，该剧加上谢幕曲共 31 首歌曲中，属于张富清的唱段（包括独唱、参与的重唱与合唱等）就有 17 首，占比超过 50%，可见其分量。作曲家充分考虑到了张富清的身份角色变化、文化程度等因素：退役军人、地方基层干部及战斗英雄、时代楷模、"共和国勋章"获得者；放羊娃、部队突击队长、县副区长、县银行副行长及离休干部。因此，在情绪的构建上，重点突出了他的精神境界：对党和国家的赤胆忠心，对战友、对百姓、对亲人的真挚情感。如：独唱《忘不了》质朴、深情；与副县长的对唱《粮官》激烈、坚毅；与乡亲们唱的《明天是梦不是梦》充满憧憬、向往；独唱《我要站起来》顽强、不屈；独唱《你们才是真正的英雄》跌宕起伏、回肠荡气……

当然，并不是说该剧因为是写张富清故而就只有男声唱段的色彩，为了保持该剧男女声听觉色彩在审美以及情绪体验上的平衡，作曲家一方面为玉兰创作了独唱曲目，还通过男女声的合唱、重唱等作为补充，如混声合唱《老兵》深情而庄重，娘的独唱《五更响》安静、温馨，玉兰的独唱《葵花花》清新、委婉，张富清、玉兰和娘的三重唱《永生的痛》忧伤、激动，张富清全家对唱、四重唱《共渡难关》乐观、向上，男女声部二重唱《为啥修路》彰显民歌风，风趣、生动，混声合唱《军礼》神圣、豪迈、壮阔等等。这些唱段，旋律动听、优美，歌唱家不仅精彩地完成了演唱，让观众的耳朵饱尝多样化音乐风格的"盛宴"，而且还为改变"我国民族歌剧中男性角色普遍符号化、形式化、着墨不多且多年来普遍缺乏阳刚之气的倾向"作出了有益探索。

此外，作为民族歌剧的重要特征，民族音乐元素的使用起到了标识民族歌剧身份以及地域文化符号的重要作用。作曲家从陕南民歌《花鼓调》与鄂西来凤县土家族民歌《直嘎多里嘎多》等中提炼出音调元素作为不同人物和地域文化的表征。如该剧中，陕北民歌风格的《放羊嘹得很》《五更响》等标识着张富清陕西人的身份，而鄂西民歌元素则使该剧主要的民族符号得以彰显。位于鄂西恩施土家族苗族自治州来凤县，是张富清转业后工作的地方，在这里他带领当地人民走上了富裕的幸福道路。作为一个少数民族自治的地域，丰富的民族民间音乐是百姓日常生活的精神财富，同样也伴随着他们改造自然、战胜自然的"斗争"过程。如《来凤引得凤凰来》、《号子》、《哈格哑》以及幕间男女声合唱土家族原生态民歌等，都是如此。同时，作为一部民族歌剧，将地域文化符号化为艺术资源，使其成为作品民族化的一项重要指标，也充分体现了创作者对于民族文化的深刻自信。

据该剧作曲方石介绍：该剧在音乐创作上突出四个"感"：一是有歌剧的质感，具备专业水准与品质；二是有民族（或中国）的骨感，是属于中国的表达方式，具有中国味道；三是注重人物情感的表达，情感释放基调准确、张弛有度；四是有音乐的美感，旋律动听，引人入胜。从整体的观感而言，该剧很好地体现了"四感"的审美特征。

二、舞台设计的简洁及隐喻性

虽说是音乐会版歌剧，大乐队被放置于舞台之上，演员表演的空间被大幅压缩，只剩下指挥旁边和乐队身后的后场空间。但，演员们的表演一点都没有"偷工减料"，该剧的主题思想也丝毫没有受到影响。在前后表演空间的并置、多媒体视听技术的辅助下，演员们以简洁的肢体语言和深情到位的演唱，在虚实呼应的意境中，交代了完整的故事线索和塑造了人民英雄的光辉形象，也让观众的情绪紧紧地被剧情所牵动，戏剧体验也同样真实、深刻。

该剧的舞台基体以一座错落有致的山体为主，前区作为主要的内景空间完成戏剧所需的调度和支点，后场则主要作为"闪回"及较大型情节的表演区域，中间以一条"道路"连接前后表演区，再辅以灯光的变化，使得有限的舞台得到了无限的延伸。

乐队中间那条"路"，其实蕴含着以下四重含义：其一，是空间的分界线，分割了乐队与前后表演场域等空间维度，将乐队一分为二，也区分了主次表演场域；其二，是时间的连接线，连接起了现实和回忆两个时间维度，让所有的"闪回"都与现实彼此呼应、相互衔接；其三，它也是张富清与来凤人民的纽带，一头是张富清，一头是来凤人民，象征着张富清与来凤人民数十年来的情感牵挂；其四，它更是"人民路线"的象征，老兵张富清坚守自己的"初心"，始终站在人民的立场上，为百姓办实事、为人民谋幸福，他是这样想的，更是这样做的。这条路，正是他践行"人民路线"而走过的不寻常路的象征，或者可以认为，这条"路"也正是来凤人民逐步脱离贫困、走上富裕的幸福之路。舞台上的路很短很短，不过数米长，而张富清走过的路，很长很长，他是用了他的一生在走，并且将他的"初心"坚守到底。

民族歌剧《张富清》的时代价值

文章合为时而著，歌诗合为事而作。社会主义文艺的本质就是要反映时代的发展、反映人民在其中的所思所想及贡献。党和国家领导人对文艺的价值和功能，均有论述，如邓小平认为："文艺创作必须充分表现我们人民的优秀品质，赞美人民在革命和建设中、在同各种敌人和各种困难的斗争中所取得的伟大胜利。"习近平总书记指出："社会主义文艺，从本质上讲，就是人民的文艺。文艺要反映好人民心声，就要坚持为人民服务、为社会主义服务这个根本方向。"歌剧《张富清》正是这样一部反映人民心声、为人民、为社会主义服务的作品。

习近平总书记也说过："崇尚英雄才会产生英雄，争做英雄才能英雄辈出……全党全国各族人民要像英雄模范那样坚守，像英雄模范那样奋斗，共同谱写新时代人民共和国的壮丽凯歌！"可以说，《张富清》的创作演出，是时代的需要、是人民的需要。创作者们通过深刻的构思与立意、多元化的艺术呈现手段，将"较大的思想深度""自觉的历史内容"与"情节的生动和丰富性"完美融合，讲述了真实鲜活的故事，致敬了人民英雄，充分展现、诠释和弘扬了英雄精神,并且体现了英雄精神内涵的丰富性和时代性。

《张富清》更进一步让我们看到了党的好干部的优秀品质:怀揣远大革命理想、信仰和信念坚定、无私奉献、刚直不阿、淡泊名利、"不服周"、不忘初心。英雄人物的成长离不开他所生活的历史、生活和地域环境,塑造英雄人物的品质,也同样需要关注上述环境的因素,"以历史的、美学的观点加以审视,进而做出全新的艺术创作",凸显特定人物的特定形象,而不是革命英雄人物共有的"面孔",这样的人物才是"活的"、"有根的"。张富清以一名普通的老兵、一名普通的共产党员的实际行动,把自己的成长与人民群众的幸福生活连在一起,也把自己的成长融入祖国大建设、大发展的伟大事业之中,不断地牺牲"小我"的利益、让位于国家和人民"大我"的利益。《张富清》同样可以作为当下所有共产党员的一面镜子,可以对照自身存在的种种不足,也为广大党员干部树立学习的榜样:履职尽责、无私奉献,为人民服务、为人民造福。同时,也引领了社会和时代风尚,更汇聚起了推动时代前行的精神力量。

此外,社会的进步和历史的发展,需要英雄榜样的力量来带动,但是同样需要人民群众集体力量的参与,只有脚踏实地地劳作才能真正实现。在张富清的带领下,全体来凤人民齐心协力、踏实苦干,最终实现了脱贫致富。故而《张富清》还让观众体会到了文艺作品的"集体之美"和"劳作之美",这也是该剧成功的内在原因之一。

总之,旨在向中国共产党成立100周年献礼的音乐会版歌剧

《张富清》，展现了中国共产党人不忘初心、牢记使命、竭诚为民、永远奋斗的精神，体现了创作团队扎根人民的创作实践，体现了他们对于中华优秀传统文化、革命文化和社会主义先进文化的高度自信。而由三名演员分别饰演不同年龄段的张富清，也摆脱了叙事时间长、人物年龄跨度大、造型转换难等限制，进而展现了中国歌剧舞剧院优秀青年演员的艺术风采及人才梯队建设的完整性。

歌剧《张富清》剧照

剧情简介

　　中国歌剧舞剧院原创歌剧《张富清》采用"音乐会歌剧"的形式，集中展现了张富清60多年来从解放战争到转业后一路走来点点滴滴的感人故事。

　　战争时期，他九死一生，上战场保家卫国。和平年代，他尘封功绩，到山区为民造福。

　　他就是张富清，用一生坚守了自己的初心本色。

　　退役转业后，张富清放弃了留在大城市的机会，带着新婚妻子孙玉兰去了最贫困的来凤山区。在那里，他敢于同各种不正之风作斗争；未能为母奔丧，只为早一点为群众筹够粮食；在国家经济困难时期，他主动劝妻退职；在88岁左腿截肢后，为了不给国家添麻烦，他同病残"作战"，重新站立起来……

　　60多年来，张富清兢兢业业、朴实纯粹地为大家服务着，连儿女也不知道他的故事，直到退伍军人信息采集，大家才发现这位看似平凡的老人竟然是个战功赫赫的大英雄。

　　消息出来，全国轰动。在荣誉面前，张富清依旧保持淡然，只是深情地追忆自己的战友……

　　英雄无言，历史有痕。老兵张富清用60多年的深藏功名体现了什么是信仰与忠诚，什么是使命与担当。正如习近平总书记所说："他用自己的朴实纯粹、淡泊名利书写了精彩人生，是广大部队官兵和退役军人学习的榜样。"

歌剧《张富清》剧照

歌剧《张富清》剧照

歌剧《张富清》剧照

功勋
张富清

歌剧《张富清》剧照

歌剧《张富清》剧照

英雄无言不改本色

——话剧《张富清》

（陕西铭晟话剧艺术团）

2020年度陕西省重大文化精品入选项目
Selected projects of major cultural products of Shaanxi Province in 2020

陕西省文化和旅游厅、陕西省财政厅
艺术创作资助项目

Shaanxi Provincial Department of Culture and Tourism, Shaanxi Provincial Department of Finance
Art Creation Funding Project

指导单位：中共陕西省委宣传部 陕西省文化和旅游厅
出品单位：陕西铭晟话剧艺术团有限公司
支持单位：陕西省文学艺术界联合会 陕西省戏剧家协会
　　　　　中国航发西航 陕西省文化交流协会 陕西日报社
　　　　　西安市群众艺术馆 渭南师范学院音乐学院

全剧的主要内容着力表现张富清在革命战争年代不怕牺牲，献身人民解放事业，立下累累战功的英雄事迹。他退役后，坚决服从组织分配，到艰苦地方工作。在各项工作中都有出色表现，他时时处处以人民利益为重，不计个人得失，在平凡的工作中做出了突出成绩。特别是他离休后一直保持革命军人、共产党员本色，时刻牢记牺牲战友的嘱托，不忘初心、克己奉公、深藏功名、淡泊名利，时刻牢记共产党人的崇高使命，真正做到全心全意为人民服务，不愧为新时代的楷模。

剧情简介

演员表

付迪鑫 李平瑾 高一榕 杨秋苋 郭大铜
康一平 王玲珑 董蔚 赵瑞玲 关晓杰
魏文龙 李宗泽 王立本

职员表

舞台监督——张运朝	陕南民歌演唱——彭光琴
舞美操作——赵娜	灯光操作——曲林
剧务主任——王德平	道具管理——王立本
服装管理——张慧婷	剧照——陈佳
场记——刘蕾	

总顾问：牛一兵
总策划：王吉德 任宗哲 吴丰宽 陈梦榆
策 划：眭俊 郅惠 王国权 覃彬 吉蕾 李生茂
监 制：王小康 董少敏
出品人：张亮
统 筹：王卫 俞海涛 王理鹏

话剧《张富清》宣传照

话剧《张富清》剧照

话剧《张富清》演职人员

（老年张富清与老年孙玉兰）

（青年张富清与青年孙玉兰）

（连长与刘新，陈亮）

（连长与张富清）

话剧《张富清》剧照

（张富清家人）

（张富清大嫂与大哥）

（采茶女）

（张富清儿女）

话剧《张富清》剧照

视　频

[陕西新闻联播] 全国优秀共产党
员张富清特别报道（一）
老英雄张富清的“功名”

[陕西新闻联播] 全国优秀共产党
员张富清特别报道（二）
老英雄张富清的“选择”

[陕西新闻联播] 全国优秀共产党
员张富清特别报道（三）
老英雄张富清的“初心”

深藏功与名

——大型话剧《张富清》

（湖北长江人民艺术剧院）

大型话剧《张富清》剧情简介

　　习近平总书记精辟地概括了张富清的事迹："60多年深藏功名，一辈子坚守初心、不改本色，事迹感人。"老英雄为什么"深藏功名"？这部话剧就来为你解开这个谜。

　　张富清转业后的60多年几乎都是在湖北来凤度过的，在艰苦的山区建电站、找水源、开山路，大家都知道他是个勤勤恳恳为民造福的好干部，却从没想到他还是个董存瑞一样的战斗英雄。他一家人恩爱和睦半个多世纪，也没有一个家人知道他心头深藏着的秘密——

　　那是在1948年的战场上，那是个什么样的战场啊："那么多战友都牺牲了，我有什么资格拿出立功证件去显摆自己啊？！我张富清能算有什么功劳啊？！"

穿越时空的感动
——大型话剧《张富清》演出侧记

■ 农新瑜　田佩雯　吴梦秋

"只要国家还需要我，我就会继续工作下去，为了咱全连一百多号战友，我要做好三份、五份、一百份的工作……"

"亲爱的老战友们，我是代表你们来接受'共和国勋章'的，你们才是共和国的英雄，而我张富清只是一名战士，一个兵！"

舞台上，老英雄铿锵的话语敲击着每一位观众的心灵，现场响起了长时间的热烈掌声。

2021年9月20日晚，在武汉洪山礼堂，第四届湖北艺术节展演剧目之一、由湖北长江人民艺术剧院创演的大型话剧《张富清》，再次激情上演。

60多年深藏功名，一辈子坚守初心。话剧《张富清》讲述的，是老英雄张富清在立下赫赫战功后，毅然放弃在大城市工作的机会，隐藏功名来到艰苦的山区来凤县，成为一名普通的人民公仆，为贫困山区默默奉献的故事。

全剧以戏剧手法，还原了老英雄的本色人生，在光影变幻和深情的讲述中，带领观众走进这位时代楷模的内心深处。

一个皮箱、一位老人、一场战争、一段对话……老英雄默默无闻而又伟大的人生，在舞台上徐徐展开。

剧中，通过"时空交替"的叙事方法，综合运用写实与写意、真实与象征等多种元素，把张富清在战争中的"波澜壮阔"和在生活中的"波澜不惊"巧妙结合，在舞台上同时呈现出了20世纪40年代张富清亲历的烽火硝烟，以及他1954年转业后来到湖北后的诸多工作和生活片段。

巧妙的是，剧中出现了两个"张富清"。一个是从部队转业之前、在战场上英勇拼杀的战士"小张富清"；另一个是"老张富清"——转业后到湖北来凤，在艰苦的山区建电站、找水源、开山路，勤勤恳恳为民造福的好干部。

剧中还有一个特别人物——"三号"。他不是一个人，代表着张富清身边牺牲的那些战友们。

时间和空间交错，回忆和现实交织。在"老张富清"、"小张富清"与"三号"这个特设人物的隔空对话中，剧情不断深入。

演员们全情投入，与角色产生合鸣，让观众看到了一个个有血有肉有呼吸的鲜活形象。

"和我并肩作战的战友们，好多都不在了。比起他们来，我有什么资格拿出立功证件去显摆自己啊！"尾声部分，老英雄朴实的话直击全场观众内心，不少观众忍不住红了眼眶。剧终演员谢幕时，大家起立鼓掌，掌声经久不息。

优秀的舞台艺术给观众带来的，除了视听的震撼，更是心灵的触动。"虽然早已熟知老英雄的事迹，但走进剧场看话剧艺术呈现，还是很受震撼。老英雄带给我们的感动，就像舞台上呈现的那样，已经穿越了时空。"观众王振东说。

"这部话剧串联起了峥嵘岁月，拉近了当下人们和英雄人物、和历史的距离。"观众汪瑜女士说，这次她一家带着孩子专程从汉口赶来看《张富清》，一起回顾历史，很受教育。虽然已经是第二次观看该剧，武汉市民宋辉仍难掩激动之情，看到动情之处，她多次落泪，"这部话剧再现了老英雄张富清一生中的闪光点，艺术化的处理，让整台剧有温情也有激情。"

面对观众热情的掌声，长江人民艺术剧院的演员们也激动不已。虽然已演过多场，但每次演出，全体演员都是全力以赴，倾情投入。"演得越多，就越被张富清老人的信仰和坚守所感动。"老张富清的饰演者聂立洋说。

据介绍，为打造这部精品话剧，长江人民艺术剧院组合了阵容强大的创作团队，编剧、舞美、灯光设计均由全国顶级专家担纲。该剧 2019 年搬上舞台以来，已先后在全省多地巡演十余场，所到之处均受到观众的热烈欢迎。

（《湖北日报》）

湖北大型话剧《张富清》巡演侧记：
老英雄精神砥砺人心

■ 农新瑜　吴梦秋

"在部队，他保家卫国；到地方，他为民造福……"2021年4月19日、20日，由中国建设银行、中共湖北省委宣传部、省文化和旅游厅指导，省演艺集团、建行湖北省分行出品，长江人民艺术剧院创作演出的大型话剧《张富清》，在湖北恩施市又连演3场。

每场2个小时的演出，舞台上高潮迭起，剧场里掌声不断。台上的表演全情投入，台下不少观众眼含泪水。

这是这部大型话剧自4月9日启动全国巡演以来的第4站演出。此前，该剧已接连在恩施州的来凤、宣恩、咸丰上演。

恩施来凤，是"共和国勋章"获得者、老英雄张富清生活和工作的地方。"老英雄的事迹被搬上舞台了！"话剧《张富清》所到之处，均引发热烈反响，让当地干部群众感动和兴奋不已。

60多年深藏功名，一辈子坚守初心。以老英雄张富清本人为原型，大型话剧《张富清》所讲述的，正是这位老人在立下赫赫战功后，隐藏功名来到艰苦的鄂西山区，为山区群众默默奉献的感人故事。

一个皮箱、一位老人、一场战争、一段对话……老英雄默默无闻而又伟大的人生，在舞台上徐徐展开。

剧中，通过"时空交替"的叙事方法，在舞台上同时呈现出20世纪40年代张富清亲历的烽火硝烟，以及他1954年转业后来到湖北的工作生活片段。在"老年张富清"、"青年张富清"与"三号"这个特设人物的隔空对话中，剧情不断深入。

优秀的艺术作品，有着感染人心的特殊魅力。精彩的对白和变幻的光影之中，老英雄的形象愈发真实而生动。

"亲爱的老战友们，我是代表你们来接受'共和国勋章'的，你们才是共和国的英雄，而我……张富清，我是一名战士，我是一个兵！"舞台上，老英雄铿锵的话语敲击着每一位观众的心灵，使人深深震撼。

长江人民艺术剧院介绍，为打造好这部精品大戏，该院组合了阵容强大的创作团队，编剧、舞美、灯光设计均由全国顶级专家担纲。2019年底，该剧搬上舞台、在武汉试演后，主创团队又多次研讨和广泛征求意见，不断打磨提升。张富清的扮演者、长江人艺优秀演员聂立洋，为了演好老英雄，曾专程前往老人工作生活过的地方采风，并与老人见面学习交流。

"演英雄，学英雄，向老英雄致敬！"排练演出中，剧组的全体演职人员也以实际行动，践行着这一理念。每场演出，舞美团队都要长途跋涉，并连夜装台；演员们则经常要牺牲休息，合成彩排到深夜。在山区巡演，奔波转战，疲惫程度可想而知，但在正式演出时，所有演职人员都是精神饱满，全身心地投入演绎，以最出色的表演表达对老英雄的敬意和对广大观众的热爱。

据悉，该剧下一步还将继续在宜昌、潜江等多地进行巡演。

（《湖北日报》）

剧照

大型话剧《张富清》剧照

大型话剧《张富清》剧照

大型话剧《张富清》剧照

大型话剧《张富清》剧照

大型话剧《张富清》剧照

大型话剧《张富清》剧照

张富清感人的英雄事迹

——纪录片《本色》

（北京演艺集团
北京广播电视总台
北京爱奇艺科技有限公司）

国内首档老兵生活探访纪实节目

本色

都承天门酒

探寻绿色背影　致敬本色人生

由国家退役军人事务部指导，北京演艺
集团联合北京广播电视总台和北京爱奇艺科
技有限公司出品，由著名主持人周炜出镜。
该片生动地记录了采访张富清的亲历过程和
张富清感人的英雄事迹。

纪录片《本色》剧照，主持人周炜采访
张富清大儿子张建国

纪录片《本色》剧照，主持人周炜
采访张富清小儿子张健全

纪录片《本色》剧照，
张富清老两口散步

纪录片《本色》剧照，主持人周炜采访张富清老同事董香彩（右二）

纪录片《本色》剧照，主持人周炜采访张富清老同事向致春（右）

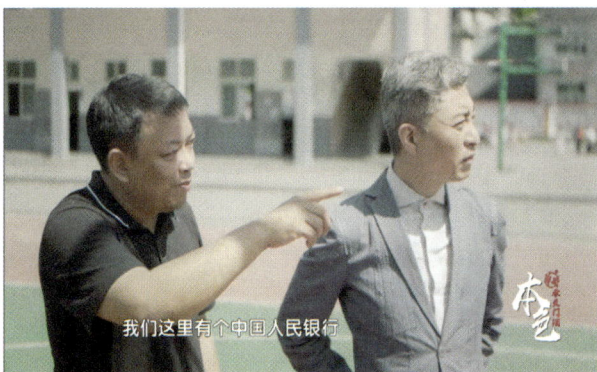

纪录片《本色》剧照，主持人周炜采访时任百福司镇党委书记向雪峰（左）

纪录片《本色》剧照，
永丰烈士陵园

纪录片《本色》剧照，永丰战役烈士纪念碑前祭奠英烈

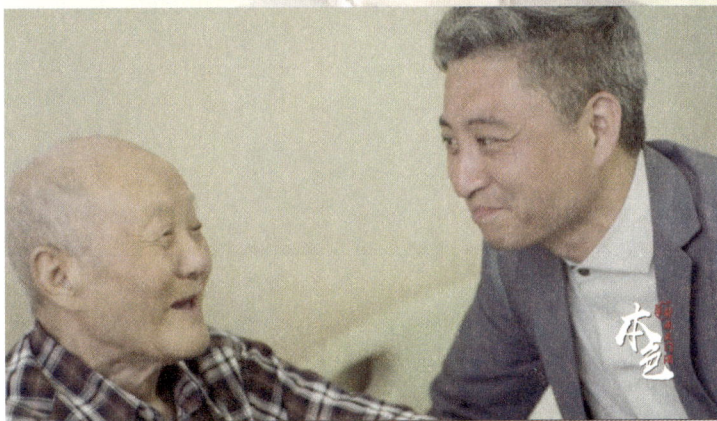

纪录片《本色》剧照，主持人周炜采访张富清

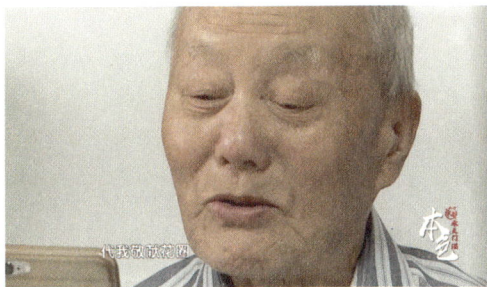

纪录片《本色》剧照，
张富清遥祭英烈

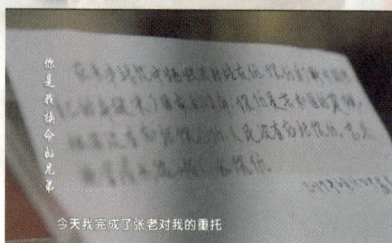

纪录片《本色》剧照，永丰烈士陵园祭奠英烈

视 频

[回声嘹亮]周炜讲述张富清
老人的感人事迹

[朝闻天下]湖北来凤信息采
集"采"出英雄老兵

[朝闻天下]湖北来凤 坚守初心
不改本色的老英雄张富清老骥伏枥
克病痛修身齐家葆本色

[朝闻天下]湖北来凤 坚守初心
不改本色的老英雄张富清
退伍不褪色 夙夜在公为民造福

践行初心　履行使命
——大型主旋律南剧《本色》
（中共来凤县委　来凤县人民政府）

大型主旋律南剧《本色》晋京汇报演出
湖北省委宣传部文艺精品扶持项目
湖北省文旅厅艺术发展专项资金扶持项目
湖北省民宗委民族文化精品扶持项目
湖北省文联重点文艺创作扶持项目
本色
一台礼赞宝大主题的英雄正剧
一出饱含家国情怀的时代大戏
一部“以人民为中心”的精品力作
大型主旋律南剧
出　　品：中共来凤县委　来凤县人民政府
联合创排：中国戏曲学院　来凤县南剧传习研究所
联合演出：来凤县南剧传习研究所　咸丰县南剧传承保护中心　黄冈艺术学校
2022年8月17日-18日晚19：30分　北京梅兰芳大剧院

剧情简介

大型主旋律南剧《本色》以本县深藏功名的老英雄、"共和国勋章"获得者张富清典型事迹为题材创编。全剧共分六场，与序幕、尾声组成，重点截取了保障桥伶伶、探路引水、"精简"灵者、孤胆绝壁、体国宽己、永恒记忆六个故事，再现了老英雄在部队保家卫国，到地方为民造福的精彩人生，集中展示了绝永葆初心、牢记使命、朴实纯粹、淡泊名利的公仆本色。本剧以国家级非遗保护剧种南剧为表现形式，注重细节刻画，表演质朴深情，唱腔优美动听，民族风情浓郁，具有"绝远者易梗、时近者逾真"的浓厚地域特色，全景式还原了老英雄非凡的人生。

"共和国勋章"获得者

张富清

张富清，1924年出生于陕西洋县，1948年3月参加西北野战军，是西北野战军359旅718团2营6连的战士。在解放战争的艰辛铸就中九死一生，先后荣立一等功三次、二等功一次，被西北野战军记"特等功"一次，两次获得"战斗英雄"荣誉称号。

1955年，张富清退役转业，主动选择到湖北省最偏远的来凤县工作，为贫困山区奉献一生，60多年来，张富清刻意尘封功绩，连儿女也不知情。2018年底，在退役军人信息采集中，张富清的事迹被发现，远段来接走在人们面前。2019年6月，中宣部授予张富清"时代楷模"称号；7月，习近平总书记在全国退役军人工作会议第一次全体会议上会见与会代表张富清；9月，国家主席习近平签署主席令，授予张富清"共和国勋章"

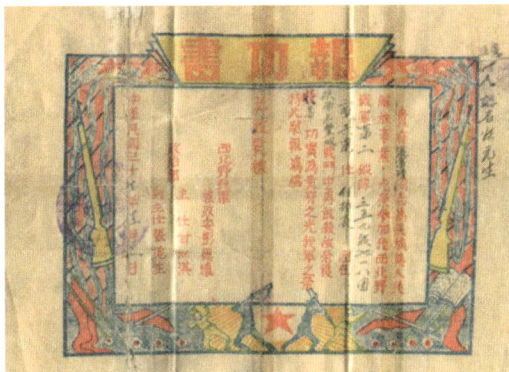

张富清在永丰战役中荣获"特等功"报功书

都知道你朴实勤勉，却不知你曾战功赫赫
你把奖章深藏在箱底，对战友的怀念深藏心底
从不居功索取，只为坚守使命初心，默默奉献
于国于民，你是忠诚伟大的士兵
——《感动中国》2019年度人物张富清

南剧《本色》宣传页

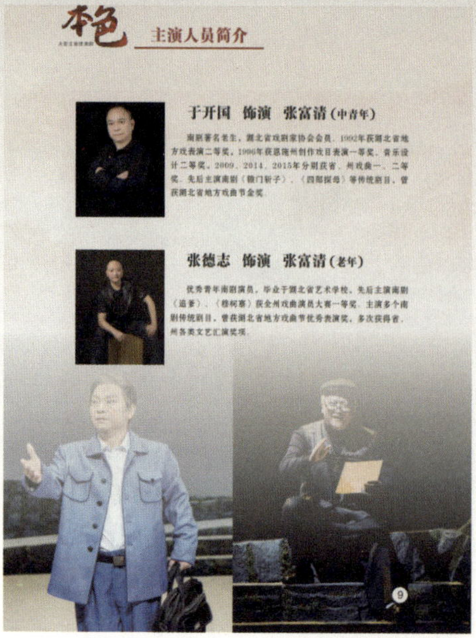

本色 主演人员简介

于开国 饰演 张富清（中青年）

南剧著名老生，湖北省戏剧家协会会员。1992年获湖北省地方戏表演二等奖，1996年获恩施州创作戏目表演一等奖、音乐设计二等奖。2009、2014、2015年分别获省、州戏曲一、二等奖。先后主演南剧《辕门斩子》、《四郎探母》等传统剧目，曾获湖北省地方戏曲节金奖。

张德志 饰演 张富清（老年）

优秀青年南剧演员，毕业于湖北省艺术学校，先后主演南剧《追爹》、《穆柯寨》获全州戏曲演员大赛一等奖。主演多个南剧传统剧目，曾获湖北省地方戏曲节优秀表演奖，多次获得省、州各类文艺汇演奖项。

本色 主演人员简介

龚敏 饰演 孙玉兰

二级演员，中国戏剧家协会会员，毕业于湖北省艺术学校，主修戏曲表演专业。2009年荣获湖北省第九届戏剧“牡丹花”奖，2015主演大型南剧《拼命书记》，2017年主演大型南剧《初心》，先后主演南剧《武家坡》、《穆柯寨》等传统剧目，曾获湖北省地方戏曲节金奖。

吴述英 饰演 张母

优秀南剧老旦演员，县政协委员，毕业于湖北省艺术学校，主修戏曲表演专业，曾演出大型南剧《毛知县上任》获个人表演二等奖。

本色 主创人员表

艺术总顾问：李谷一
顾　　问：张 勇　张安岚
总 策 划：李 伟　张作明　邵爱华
总 协 调：安生永
总 调 度：郑兵权
编　　剧：张法德　叶明理　储永光
导　　演：李永志　段兴涛
作　　曲：万江峰
唱腔设计：雷祖林　唐从伟
舞台设计：李 威
灯光设计：马 路　陈 勇
服装设计：彭丁煌
造型设计：艾淑云　桂 桂
场面设计：卢池园
配　　器：傅江宁
音乐制作：任 平
化妆造型：刘秀娟　桂 桂
灯光设计助理：强巴格桑
舞美工程设计与督造：王 丹
主题歌演唱：刘 畅
编　　舞：汪 燕　熊 喆　孙黄茜　秦 丹　安楚楚
舞蹈老师：朱洪波　张 勇　童唯轩　柯 辉　王 蓓　张 璨　林

本色 主演人员表

于开国　饰演　张富清（中青年）
张德志　饰演　张富清（老年）
龚　敏　饰演　孙玉兰
吴述英　饰演　张　母
欧阳明星　饰演　吕云亮
王力志　饰演　罗祖德
王　涛　饰演　刘干事
丁财峰　饰演　向干部
汪思思　饰演　小　周
杨再权　饰演　田来福
胡春艳　饰演　女记者
邓生超　饰演　小　杨
田杰伦　饰演　铁　柱
杨力伟　饰演　李连长
杨胜昆　饰演　小亮子
杨淑宇　饰演　大　旺
李全冬　饰演　石　头
张　多　彭俊华　徐瑜晗　饰演　干部家属
张怡萱　刘华林　杨通文　田津宇　饰演　村民
群众演员、伴舞：咸丰县南剧传承保护中心　黄冈艺术学校
土家摆手舞：来凤县原生态摆手舞队

本色 职员表

策　　划：安生永　刘支星　张冠华　田 慧　杨 镇　汪玉明
调　　度：吕 行　周荷慧　向寿刚　熊 健　田龙庄
统　　筹：王利峰　魏 琦　姚玉林　穆永红　刘 峰　张海妍　滕艳平
　　　　　储永光　李爱民　李 涛
协　　调：黄志祥　凌 敏　王 萍　曹 凯　周汉斌
舞台总监：储永光
舞台监督：龚 敏　王晴富　张 勇　吴勇志　刘绍华　杨 柳
音乐统筹：何兴华　张德志
剧　　务：姚 黎　滕 炜
舞 美 组：王 丹　张拴良　任少华
灯光音响：李杰莹　杨 志　高火达
服 装 组：刘秀丽　刘建军　刘爱玉　王 城
道 具 组：杨 柳　唐敏杰　马亚群　李海洋
装 置 组：马新海　谭显伟　程 可　钟 林
字 幕 组：滕 炜　张玉梅
摄　　影：唐 俊
视频配音：段兴涛
视频制作：韩方媛
宣　　传：来凤县融媒体中心
摄　　像：湖北省京剧院播制中心
视　　频：来凤县融媒体中心　来凤县民族博物馆
　　　　　团风小独文化传播有限公司　邢台星联文化传播有限公司
指导支持：中国戏曲学院　湖北省委宣传部
　　　　　湖北省文化和旅游厅　湖北省民族宗教事务委员会
　　　　　湖北省文学艺术界联合会　湖北省戏剧家协会
　　　　　恩施州委宣传部　恩施州文化和旅游局
　　　　　恩施州文学艺术界联合会　恩施州戏剧家协会

南剧《本色》主创团队

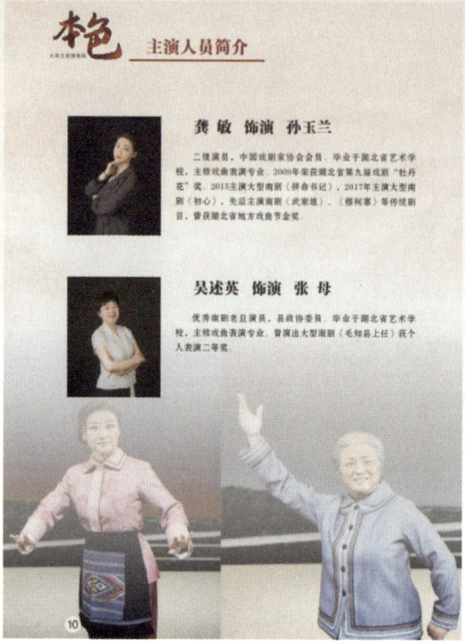

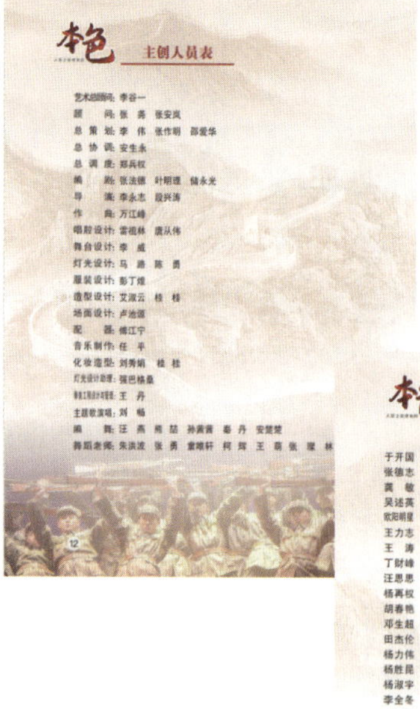

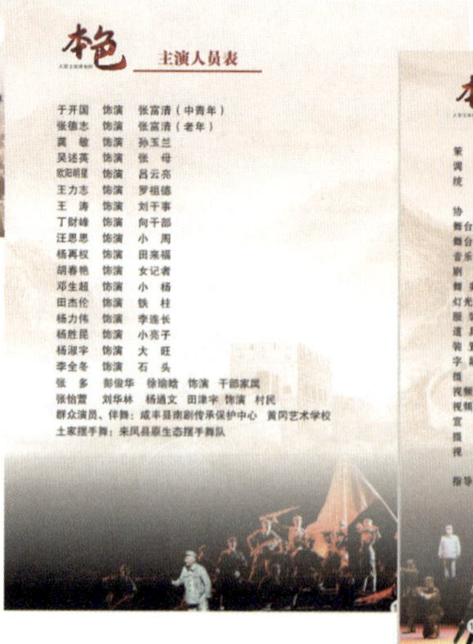

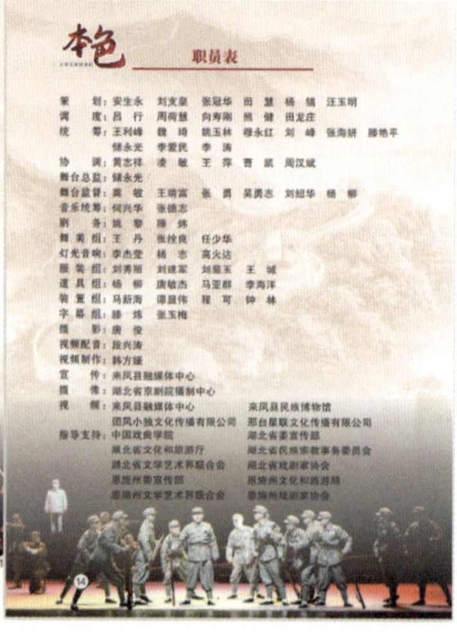

剧照：采购机器

剧照：抵制特权

剧照：保障供给

剧照：做职工工作

剧照：闻母去世

剧照：灾区来了主心骨

张富清

剧照：凿路绝壁

剧照：体国克己

剧照：深藏功名

剧照：勇当突击手

谢幕

来凤县南剧传习研究所简介

南剧是流传在武陵山土家苗聚区的地方剧种，主要流行在恩施土家族苗族自治州 因流播于酉阳施南，故得名"南剧"。南剧俗称"人大戏""高台戏"，是湖北省四大地方戏之一，居恩施州五大地方戏之首，是土家人民喜闻乐见的大剧种，数百年来影响遍世遗人心，被著名戏剧家田汉先生称为"高山峡谷之音"。

来凤县是南剧主要发祥地和传承地，该县位于武陵山区腹心，与湘西龙山、重庆酉阳毗邻，素有"一脚踏三省"之称。土家族的母亲河酉水纵贯全县，是三省边区交通枢纽和重要的物资集散地。由于独特的地理和人文因素，成就系南剧演唱最具风格施，至今已历经300年的历史，当经"金""天""地""玉""云""双"等各科班绵绵不断，成为具有六大声腔，体系完整的地方剧种。其十名代代不乏之人，保留剧目甚多，有"唐三千、宋八百，唱不完的三国戏"之说，现存剧本600余个，具有极高的文化传承和历史研究价值。

解放后，来凤县委政府十分重视南剧传承发展。来凤南剧团建于1953年成立，1959年、1970年、1992年近三批开科办班，培养出一大批南剧传承人，是恩施州成立时间最早，坚持最久，创演剧目最多的专业剧团。2008年，由该团申报，南剧被列为全国第二批国家级非物质文化遗产保护项名录。2012年，来凤县南剧团整体划归为白金性文化遗产保护机构，变性为全额拨款事业单位，更名为来凤县南剧传习研究所 现全所在职演职员工数编39人，专门从事南剧艺术研究、传承和展演。

由于积淀深厚，代代相传，现该所演职员中有、编、导、演、服装、道具、灯光、舞美行当齐全，且主要都1992年湖北艺术学校毕业的演职员组成 他们早转为档，正处于演艺事业的黄金时段。该所省年坚持送选下乡，但是全县重大文艺活动主力军和骨干队伍，常年演出优势传保留剧目40余台，在此基础上，创排编新剧上延续传统，剧创《山寨新家》荣全国少数民族题材"孔雀奖"；《绿绣》荣全国专业新剧目届演一等奖；《清客酋曲》获全州"五个一工程"奖；《西兰卡普》获第八届楚天文华奖编剧、导演、音乐、舞美等六项大奖及全省"五个一工程"奖；《拨亮希看》首"黄河演"全国小戏小品会演演出奖《生吉绣楼》获创作剧目二等奖一个音演一等奖导演一等奖、戏剧音乐一等奖，表演一等奖，三等奖，伴奏二等奖等七大奖项，使所有在所奔县和专员中担众名誉。

2015年，大型现代南剧《祭血书记》代表恩施州参加加第二届湖北艺术节集中调演，2016年该剧获得了第十三届恩施州"五个一工程奖" 2017年，打造的大型现代土家南剧《初心照初遂，确定为全国少数民族装地区大型院团十台优秀剧目之一台，全省仅此一台，2017年10月10日，在北京中央民族剧院专场演出，为十九大献礼。2018年，我所为恩施州党的十九大《党风廉政建设》宣传片优秀作品。在全州八县市调演，上万名各级干部。现刊组成县观观看，为助力恩施州廉政攻坚工作贡献了文艺力量。

南剧简介

第三篇

初心不改　媒体留声

我是党培养的一名共产党员，革命军人，我只是做了一些为党、为人民应做的事。我不会忘记党的恩情，会永远跟党走。

95 岁老英雄张富清克己奉公永葆党员本色
——深藏战功 63 年

■ 田豆豆

　　直到 2018 年底，湖北恩施土家族苗族自治州来凤县退役军人事务局进行退役军人信息采集工作时，张富清老人才出示了尘封 63 年的军功证明：一张立功登记表、一张报功书、几枚勋章。其中清楚记录着：他曾荣获西北野战军特等功一次、军一等功一次、师二等功一次、团一等功一次，并被授予军战斗英雄称号和师战斗英雄称号。在祖国建设时期，他依然做到了党让去哪就去哪，哪里最困难就去哪里，不讲条件、不计得失，体现了对党的"绝对忠诚"。

　　"每当清明前后，我都会想起那些和我并肩战斗过的战友，心里很不平静：他们在关键时刻，挺身而出，为新中国成立献出了宝贵生命……" 2019 年 4 月 2 日，提起 70 多年前牺牲的老战友们，95 岁的张富清老人依然满眼泪水，声音哽咽："我的战功，和他们的贡献相比，差得很远；我现在人还在，生活等各方面都比他们享受得多，还有什么理由向组织提要求？"

95 岁老英雄张富清老人在解放战争中战功赫赫，却直到 2018 年底湖北恩施土家族苗族自治州来凤县退役军人事务局进行退役军人信息采集工作时，他才出示了自己尘封 63 年的军功证明：一张立功登记表、一张报功书、几枚勋章。其中清楚记录着：他曾荣获西北野战军特等功一次、军一等功一次、师二等功一次、团一等功一次，并被授予军战斗英雄称号和师战斗英雄称号。

"我每次都积极报名参加突击队"

"去年 12 月 3 日快下班的时候，张健全叔叔匆匆忙忙进来，拿出一个很旧的红布包裹……打开一看，里面有几张类似奖状的泛黄纸页、一个红本子、三枚奖章。我第一眼就被刻有'人民功臣'字样的勋章吸引住了……"来凤县人社局退役军人事务登记人员聂海波回想起当日情景，一切仍历历在目，"再看到由西北野战军彭德怀司令员亲自签发的'报功书'，以及上面记录的战功，我整个人就愣住了。我父亲曾是军人，我也算是个'军迷'，但这样的勋章我从没见过，有这样大战功的人，我也从没接触过。"

张健全是张富清老人的小儿子。老人听说国家成立了专门的退役军人事务部门，要开展退役军人登记普查，这才拿出了"压箱底"的宝贝，让儿子拿来登记。

根据立功登记表、报功书记录和张富清老人的口述，人们才第一次知道：这位看起来平凡朴素的老人，曾在沙场九死一生，立下不朽功勋。

1948 年 3 月，陕西省汉中市洋县 24 岁青年张富清参加中国人民解放军；由于作战勇猛，当年 8 月，由连队集体推荐火线入党，成为预备党员。"那时候，不分白天黑夜，几乎天天在打仗行军。"张富清回忆，1948 年 6 月至 9 月，他参加壶梯山战役，攻下敌人碉堡一座、打死敌人两名、缴获机枪一挺，并巩固阵地；在东马村消灭外围守敌，占领敌人一座碉堡，为后续部队打开缺口；在临皋执行搜索任务，发现敌人后即刻占领外围制高点，压制敌人火力，完成截击敌人任务。

　　1948 年 10 月的一天拂晓，张富清作为班长，和两名战友组成突击组，率先攀上永丰城墙。他第一个跳下城墙，冲进敌群展开近身混战，端着冲锋枪朝敌群猛扫，突然感到头顶仿佛被人重重捶了一下，后来又感觉血流到脸上，用手一摸头顶，一块头皮翻了起来……击退外围敌人后，张富清冲到一座碉堡下，刨出一个土坑，将捆在一起的 8 颗手榴弹和一个炸药包码在一起，拉下手榴弹的拉环，手榴弹和炸药包一起炸响，将碉堡炸毁。这场战斗一直持续到天亮，他炸毁了两座碉堡，缴获两挺机枪。永丰战役后，他荣获西北野战军军一等功。

　　每一次战斗，张富清总是担任"突击队员"。"那时候，解放军的'突击队'就是'敢死队'，是冲入敌阵、消灭敌军火力点的先头部队，伤亡最大。我每次都积极报名参加突击队，为什么？因为我是共产党员，在党需要的时候，越是艰险，越要向前！为了党和人民，就是牺牲了，也是无比光荣！"慈祥的张富清老人，说起自己坚定的信念，突然严肃无比，声音中气十足……

第三篇　初心不改　媒体留声

121

"哪里最困难，我就去哪里"

从陕西一直打到新疆喀什，直到解放全中国。1955 年，张富清作为连职干部在武汉的中央军委航空速成中学完成两年文化学习后，面临复员转业。"部队号召我们，到最艰苦的地方去，到最需要的地方去建设祖国。哪里最困难，我就去哪里。"张富清一打听，了解到湖北最艰苦的地方是恩施，恩施最偏远的地方是来凤，他二话没说，便把工作地选在了来凤。妻子孙玉兰也跟着他到了来凤，从此，二人几乎再没回过陕西老家。"那时不像现在，没有飞机、没有火车、没有高速公路，只有盘山路，从武汉到恩施要走五天，从恩施到来凤要走两天。"孙玉兰回忆说。

从到来凤的那一天起，张富清就"封存"了所有战功记忆，一心一意干好每件工作。他先后在县粮食局、三胡区、卯洞公社、外贸局、县建行工作，1985 年在县建行副行长岗位上离休。"工作 30 年，他从没提过军功，也从没向组织提过任何要求。"来凤县委巡察办主任邱克权感慨道。

张富清任卯洞公社革命委员会副主任时，他的一儿一女都转去公社上学。孩子的老师向致春当时经常去张富清家家访，他说："张富清的孩子穿的比其他学生都差，我在他家吃饭，发现他们吃的也很差，很少见到肉。"当时不少干部会向集体借钱，对困难干部，组织上也会给几十元补贴，但后来向致春问过公社会计，会计说，直到张富清离开卯洞，从没向集体借过一分钱，也从没享受过组织对困难干部的补贴。

日子过得紧巴巴，但张富清干工作，照样保持着突击队员的作风。公社班子成员分配工作片区，张富清抢先选了最偏远的高洞片区，那里不通路、不通电，是全公社最困难的片区。在那里，张富清带领社员们投工投劳，一起放炮眼、开山修路……

"如果我照顾亲属，群众对党怎么想"

直到今天，张富清和老伴，还带着残疾的大女儿住在 20 世纪 80 年代修建的老旧两居室里，家里打扫得一尘不染，但装修、家具还是几十年前的老样子。狭窄的客厅里，有个柜式空调，是儿女们送给老人的，但两位老人舍不得用。尽管儿女早已成年，工资收入也大有改善，但勤俭节约的习惯已经深入两位老人的骨髓……

20 世纪 60 年代，张富清任三胡区副区长，一人几十元的工资要养活一家六口。孙玉兰原本在三胡供销社上班。国家开展精简退职工作，张富清竟首先动员妻子离职，减轻国家负担。"我不让你下岗，怎么好去做别人工作？"张富清对妻子说。

1975 年，张富清的大儿子遇到一个到恩施市工作的机会，但身为公社革委会副主任的张富清却让儿子放弃机会，下乡当知青。"我经常对儿女说，找工作、找出路不能靠父亲，只能靠自己努力学习，要自强不息、自己奋斗。"张富清说，"我是共产党员，是党的干部，如果我照顾亲属，群众对党怎么想？"在父亲的言传身教下，张富清的三个儿女都很争气，通过高考和岗位的公开招考闯出了自己的天地。

去年 11 月，中国建设银行来凤县支行行长李甘霖得知张富清因白内障要做手术，叮嘱老人和家属，"您是离休干部，医药费全报，还是用个好点的晶体，效果好些。"到了医院，医生也向张富清推荐了 7000 元以上的几款晶体。没想到老人自己向病友打听，了解到别人用的是 3000 多元的晶体，立刻"自作主张"，选择了 3000 多元的晶体。"拿到报销单时，我吃了一惊，问老人家是怎么回事。老人说：'我 90 多岁了，不能为国家做什么贡献了，能为国家节约一点就节约一点吧！'"李甘霖感动地说。

71 年党龄，见证"绝对忠诚"

在新中国成立 70 周年之际，一位党龄 71 年的老战士、老党员，向我们诠释了什么是对党"绝对忠诚"。

在张富清老人眼里，在战场上，共产党员应做到"党指到哪儿，就打到哪儿"，敢于冲锋在前、敢于牺牲生命，那才是对党"绝对忠诚"；在祖国建设时期，共产党员应做到"党让我去哪就去哪，哪里最艰苦就去哪儿"，不讲条件、不计得失，那才是对党"绝对忠诚"。

他是这样说的，也是这样做的。更难能可贵的是，他认为，做这些，只是共产党员的本分，根本不值得夸耀和"显摆"。军功章，他压进了箱底，就连对至亲好友都不曾提及；干工作，遇到困难和委屈，想想牺牲的老战友，他什么都释然了。

新中国走过了 70 年的风风雨雨，张富清老人的岗位、身份也一再改变；唯一不变的，是他对党的"绝对忠诚"。从老人身上，我们看到了什么是"不改初心"，什么是"淡泊名利"，什么是"克己奉公"，我们看到的是一个共产党员的本色。

70 年前，理想信念之火熊熊燃烧的共产党人，克服了千难万险，取得了一个又一个伟大胜利，缔造了新中国；在中华民族伟大复兴的新征程上，需要共产党人以同样坚定的理想信念，和同样不畏任何艰险的豪情，去夺取新的伟大胜利！

（《人民日报》2019 年 4 月 9 日）

英雄的选择

——95 岁老党员张富清的初心本色

■ 唐卫彬 黄明 吴晶 张汨汨 谭元斌

24 岁，在生与死之间，他选择冲锋在前，在战火洗礼中成长为董存瑞式的战斗英雄。

31 岁，在小家与国家之间，他选择服从大局，到偏远异乡投身社会主义建设。

半个多世纪，无论顺境逆境，他选择淡然处之，将英雄过往尘封在沧桑的记忆。

95 岁高龄，在新中国即将迎来 70 华诞之时，他又一次挺直脊梁，向祖国和人民致以崇高军礼。

他，就是湖北省恩施土家族苗族自治州来凤县有着 71 年党龄的老兵张富清。

在他心中，没有什么，比为国牺牲更光荣；没有谁，比逝去的战友更值得尊敬。党旗下的誓言，就是此生不渝的初心

95 岁的离休干部张富清，又一次当上了"突击队员"。这一次，是前所未有的任务——接受众多媒体记者的采访。

不久前，在国家开展的退役军人信息采集工作中，张富清深藏多年的赫赫战功引发关注。

2018 年 12 月 3 日，张富清的儿子张健全来到来凤县人力资源和社会保障局，询问退役军人信息采集的具体要求。

回到家中，张健全问："爸，国家成立退役军人事务部，需要如实上报个人信息，你什么时间参的军、有没有立过功、立的什么功，都要讲清楚。"

沉吟片刻，张富清说："你去里屋，把我的那个皮箱拿来。"

这只古铜色的皮箱，张富清带在身边已有 60 多年。锁头早就坏了，一直用尼龙绳绑着。依着父亲的要求，张健全小心翼翼地开箱，把存在里面的一个布包送到了县人社局。

打开一看，在场的人都震惊了：

一本立功证书，记录着张富清在解放战争时立下的战功：军一等功一次，师一等功、二等功各一次，团一等功一次，两次获"战斗英雄"称号。

一份由彭德怀、甘泗淇、张德生联名签署的报功书，讲述张富清"因在陕西永丰城战斗中勇敢杀敌"，荣获特等功。

一枚西北军政委员会颁发的奖章，镌刻着"人民功臣"四个大字……

"哪里知道他立过大功哦。"老伴儿孙玉兰只见到他满身的伤疤："右身腋下，被燃烧弹灼烧，黑乎乎一大片；脑壳上面，陷下去一道缝，一口牙齿被枪弹震松……"

张富清一年四季几乎都戴着帽子，不是因为怕冷，而是因为头部创伤留下后遗症，变天就痛。

左手拇指关节下，一块骨头不同寻常地外凸。原因是负伤后包扎潦草、骨头变形，回不去了。

多次出生入死，张富清在最惨烈的永丰战役中幸运地活了下来。

"永丰战役带突击组，夜间上城，夺取敌人碉堡两个，缴机枪两挺，打退敌人数次反扑，坚持到天明。我军进城消灭了敌人。"

这是张富清的立功证书上对永丰战役的记载。1948 年 11 月，发生在陕西蒲城的这场拼杀，是配合淮海战役的一次重要战役。

"天亮之前，不拿下碉堡，大部队总攻就会受阻，解放全中国就会受到影响。"入夜时分，上级指挥员的动员，让张富清下定了决心。

张富清所在的连是突击连。他主动请缨，带领另外两名战士组成突击小组，背上炸药包和手榴弹，凌晨摸向敌军碉堡。

一路匍匐，张富清率先攀上城墙，又第一个向着碉堡附近的空地跳下。四米多高的城墙，三四十公斤的负重，张富清脑海里闪过一个念头：跳下去成功就成功了，不成功就牺牲了，牺牲也是光荣的，是为党为人民牺牲的。

落地还没站稳，敌人围上来了，他端起冲锋枪一阵扫射，一下子打倒七八个。突然，他感觉自己的头被猛砸了一下，手一摸，满脸是血。

顾不上细想，他冲向碉堡，用刺刀在下面刨了个坑，把八颗手榴弹和一个炸药包码在一起，一个侧滚的同时，拉掉了手榴弹的拉环……

那一夜，张富清接连炸掉两座碉堡，他的一块头皮被子弹掀起。另外两名突击队员下落不明，突击连"一夜换了八个连长"……

真实的回忆太过惨烈，老人从不看关于战争的影视剧。偶尔提及，他只零碎说起："多数时候没得鞋穿，把帽子翻过来盛着干粮吃""打仗不分昼夜，睡觉都没有时间""泪水血水在身上结块，虱子大把地往下掉"……

很多人问：为什么要当突击队员？

张富清淡淡一笑："我入党时宣过誓，为党为人民我可以牺牲一切。"

轻描淡写的一句，却有惊心动魄的力量。

入伍后仅4个月，张富清因接连执行突击任务作战勇猛，获得全连各党小组一致推荐，光荣地加入了中国共产党。

"我一个小小的长工，是党和国家培养了我啊！"时隔多年，张富清的感念发自肺腑，眼角泪湿。

出生在陕西汉中一个贫农家庭，张富清很小就饱尝艰辛。父亲和大哥过早去世，母亲拉扯着兄弟姊妹4个孩子，家中仅有张富清的二哥是壮劳力。为了减轻家中负担，张富清十五六岁就当了长工。

谁料，国民党将二哥抓了壮丁，张富清用自己换回二哥，被关在乡联保处近两年，饱受欺凌。后被编入国民党部队，身体瘦弱的他被指派做饭、喂马、洗衣、打扫等杂役，稍有不慎就会遭到皮带抽打。

这样的生活苦不堪言，直到有一天，西北野战军把国民党部队"包了饺子"，张富清随着四散的人群遇到了人民解放军。

"我早已受够了国民党的黑暗统治，我在老家时就听地下工作者讲，共产党领导的是穷苦老百姓的军队。"张富清没有选择回家，而是主动要求加入了人民解放军。

信仰的种子，从此埋进了他的心中。

在团结友爱的集体中，一个曾经任人欺凌的青年第一次强烈感受到平等的对待和温暖的情谊。

历经一次次血与火的考验，张富清彻底脱胎换骨，为谁打仗、为什么打仗的信念在他的心中愈发清晰。

"从立功记录看，老英雄九死一生，为什么不想让人知道？"负责来凤县退役军人信息采集的聂海波对张富清的战功钦佩不已，更对老人多年来的"低调"十分不解。

"我一想起和我并肩作战的战士，有几多（多少）都不在了，比起他们来，我有什么资格拿出立功证件去摆自己啊，我有什么功劳啊，我有什么资格拿出来，在人民面前摆啊……"面对追问，这位饱经世事的老人哽咽了。

每一次，他提起战友就情难自已，任老伴儿帮他抹去涌出的泪水："他们一个一个倒下去了……常常想起他们，忘不了啊……"

亲如父兄，却阴阳永隔。在张富清心中，这种伤痛绵延了太久。那是战友对战友的思念，更是英雄对英雄的缅怀。

他把这份情寄托在那些军功章上。每到清明时节，张富清都要把箱子里面的布包取出，一个人打开、捧着，端详半天。家里人都不知道，他珍藏的宝贝是个啥。

"我没有向任何人说过，党给我那么多荣誉，这辈子已经很满足了。"如今，面对媒体的请求，老人才舍得把那些军功章拿出来。

多年来，他只是小心翼翼地，把1954年"全国人民慰问人民解放军代表团"颁发的一个搪瓷缸，摆在触手可及的地方。这只补了又补、不能再用的缸子上，一面是天安门、和平鸽，一面写着：赠给英勇的中国人民解放军——保卫祖国、保卫和平。

总会有人问：你为什么不怕死？

"有了坚定的信念，就不怕死……我情愿牺牲，为全国的劳苦人民、为建立新中国牺牲，光荣，死也值得。"

任凭岁月磨蚀，朴实纯粹的初心，滚烫依旧。

她哪里想到，离家千里去寻他，一走就是大半生。在来凤这片毫无亲缘的穷乡僻壤，印刻下一个好干部为民奉献的情怀

1954年冬，陕西汉中洋县马畅镇双庙村，19岁的妇女干部孙玉兰接到部队来信：张富清同志即将从军委在湖北武昌举办的防空部队文化速成中学毕业，分配工作，等她前去完婚。

同村的孙玉兰此前只在张富清回乡探亲时见过他一次。满腔热血的女共青团员，对这位大她11岁的解放军战士一见钟情。

少小离家，张富清多年在外征战。

1949年9月，新中国成立前夕，张富清随王震率领的第一野战军第一兵团先头部队深入新疆腹地，一边继续剿灭土匪特务，一边修筑营房、屯垦开荒。

1953 年初，全军抽调优秀指战员抗美援朝，张富清又一次主动请缨，从新疆向北京开拔。

待到整装待发，朝鲜战场传来准备签订停战协议的消息。张富清又被部队送进防空部队文化速成中学。

相隔两地，他求知若渴，她盼他归来。张富清同孙玉兰简单的书信往来，让两颗同样追求进步的心靠得更近。

"我看中他思想纯洁，为人正派。"部队来信后，孙玉兰向身为农会主席的父亲祖露心声。

临近农历新年，孙玉兰掏出攒了多年的压岁钱，扯了新布做了袄，背上几个馍就上路了。

搭上货车，翻过秦岭，再坐火车。从未出过远门的她晕得呕了一路，呕出了血，见到心上人的时候，腿肿了，手肿了，脸也肿了。

彼时，一个崭新的国家百废待兴，各行各业需要大量建设人才。组织上对连职军官张富清说：湖北省恩施地区条件艰苦，急需干部支援。

拿出地图一看，那是湖北西部边陲，张富清有过一时犹豫。他心里惦记着部队，又想离家近些，可是，面对组织的召唤，他好像又回到军令如山的战场。

"国家把我培养出来，我这样想着自己的事情，对得起党和人民吗？""那么多战友牺牲了，要是他们活着，一定会好好建设我们的新中国。"

张富清做了选择："作为党锻炼培养的一名干部，我应该坚决听党的话，不能和党讲价钱，党叫我到哪里去，就到哪里去。哪里艰苦，我就应该到哪里去。"

孙玉兰原以为，两人在武汉逛一阵子，就要回陕西老家。谁知他说：组织上让我去恩施，你同我去吧。

这一去，便是一辈子。

从武昌乘汽车，上轮船，到了巴东，再坐货车……一路颠簸，到恩施报到后，张富清又一次响应号召，再连续坐车，到了更加偏远的来凤。

这是恩施最落后的山区。当一对风尘仆仆的新人打开宿舍房门，发现屋里竟连床板都没有。

所有家当就是两人手头的几件行李——军校时用过的一只皮箱、一床铺盖，半路上买的一个脸盆，还有那只人民代表团慰问的搪瓷缸。

孙玉兰有些发蒙，张富清却说："这里苦，这里累，这里条件差，共产党员不来，哪个来啊！在战场上死都没有怕，我还能叫苦磨怕了？"

张富清不怕苦，可他受不得老百姓吃苦。来凤的很多干部都回忆说，无论在什么岗位，他总是往最贫困的地方跑得最多，为困难群众想得最多。

三胡区的粮食生产严重短缺。张富清到了三胡，每个月都在社员家蹲个 20 来天，"先把最贫困的人家生产搞起来，再把全队带起来"。

干部与群众同吃同住同劳动，士气很快上去了，三胡区当年就转亏为盈，顺利完成了为国家供粮、为百姓存粮的任务。

到卯洞公社任职，张富清又一头扎进不通电不通水不通路的高洞。这是公社最偏远的管理区，几十里地，山连着山，把村民与外界完全隔绝。

张富清暗想："这是必须攻克的堡垒，要一边领导社员生产，一边发动群众修路，从根本上解决村民吃饭和运输公粮的问题。"

为了修进入高洞的路，张富清四处奔走、申请报批、借钱筹款、规划勘测……

约5公里长的路，有至少3公里在悬崖上，只能炸开打通。张富清不仅要筹措资金、协调物资，还要组织人手，发动群众。

有的社员"思路不大通"，认为修路耽误了生产。张富清就住到社员家的柴房，铺点干草席地而睡，帮着社员干农活、做家务。

农闲时节，早上5点，张富清就爬起来，一边忙活一边交心。吃过早饭，他就举个喇叭喊开了："8点以前集合完毕，修路出力也记工分。"

上午11点和下午5点半，一天两次，开山放炮，大家都要避险，回家吃饭。一来一回，要费不少时间。有时赶不及，张富清就往嘴里塞几个粑粑，灌几口山泉水。

"他跑上跑下，五十多岁的人了，身体并不好，工作却特别认真。"曾和张富清在卯洞公社共事的百福司镇原党委书记董香彩回忆。

一年到头，不到腊月二十八，孙玉兰很少能见到丈夫的身影。有的时候，惦记他没得吃、没得衣服，她就让孩子们放了学给他送去。

一次，大儿子张建国背了两件衣服、一罐辣椒上山了。十来岁的孩子走到天黑还没赶到，只得投宿在社员家中。第二天，等到天黑，父子俩才打个照面。

老张是真忙啊！社员们看在眼里，记在心里："这个从上面派来的干部，是真心为我们想啊！"

从抵制到触动，从被动到主动，群众在张富清的带领下肩挑背扛，终于用两年左右时间，修通了第一条能走马车、拖拉机的土路。

后来，张富清要调走的消息传开了。临走的那天，孙玉兰一早醒来，发现屋子外面站了好多人。原来，社员们赶了好远的路，自发来送他了。

"他们守在门口，往我们手里塞米粑粑，帮我们把行李搬上车，一直到车子开了，都没有散。"回想当年的情景，孙玉兰笑得很自豪。

将心比心，张富清把老百姓对党和国家的期望，都化作默默洒下的汗水。

以心换心，群众把对他的信赖与认可都包进了一只只粑粑，修进了一条条路。

如今，原卯洞公社所辖的二三十个村，已全部脱贫出列。当年张富清主持修建的道路，已拓宽硬化，变成康庄大道；高洞几乎家家户户通了水泥路。

粮食局、三胡区、卯洞公社、外贸局、建设银行……从转业到离休，数十年如一日，张富清就像一块砖，哪里需要就往哪里搬。在来凤这片毫无关联的穷乡僻壤，留下了一个人民公仆任劳任怨的足迹。

曾任卯洞公社党委副书记的田洪立记得，张富清家的餐桌上常常只有青菜、萝卜、油茶汤，比大多数社员的伙食都差。

可是，这个拥有"人民功臣"称号的转业军人却毫不在意。

他心里只装着一个念头："党教育培养我这么多年，我能为人民做点有益的事情，党群关系密切了，再苦也知足了。"

张富清完全有条件为自己的家庭谋取便利，可是他没有。始终恪守"党和人民的要求"，标注他共产党人的精神境界

循着喧闹的城中街道，来到一座 5 层小楼，顺着台阶上 2 楼，就是张富清老两口的家。

走进客厅，一张磨损破皮的沙发、一个缺了角的茶几和几个不成套的柜子拼凑在一起。进了厨房，几只小碗盛着咸菜、米粥和馒头，十分素淡。

这套潮湿老旧的房子是 20 世纪 80 年代，张富清在建设银行工作时单位分配的。有人说这里条件不好，他只是淡淡一笑："吃的住的已经很好了，没得什么要求了。"

比起过去，老两口总是特别知足。

在卯洞公社时，他们住在一座年久失修的庙里，一大一小两间，20 多平方米，三张床挤了两个大人、4 个小孩。一家人除了几个木头做的盒子和几床棉被外，什么家当也没有。

"他家的窗户很小、又高，屋里不通风，光线暗淡。他那时候分管机关，完全有条件给自己安排好一点。"董香彩回忆："张富清的大女儿患有脑膜炎，因当年未能及时救治留下后遗症，这么多年来看病花钱，他从来不找组织特殊照顾。"

"不能给组织添麻烦。"这是张富清给全家立下的规矩。

20 世纪 60 年代，国家正是困难时期，全面精简人员。担任三胡区副区长的张富清动员妻子从供销社"下岗"。

孙玉兰不服气："我又没差款，又没违规，凭什么要我下来？"

"你不下来我怎么搞工作？"一向温和的张富清脸一板："这是国家政策，首先要从我自己脑壳开刀，你先下来，我才可以动员别个。"

孙玉兰下岗后，只能去缝纫社帮工，一件小衣服赚个几分钱。手艺熟练了，就开始做便衣，一件衣服几角钱，上面要盘好几个布扣。

回家做完功课，孩子们都要帮妈妈盘布扣。到了后来，两个儿子穿针引线的功夫都毫不含糊。

有人替孙玉兰不平："他让你下来，你就下来，不和他吵？"

"这个事情不是吵架的事情，他给你讲，这是政策问题，他把道理说明白，就不吵。"

那些年，张富清每月的工资，很难维持一家人的生计。除了患病的大女儿，其他三个孩子下了学就去拣煤块、拾柴火、背石头、打辣椒。

"衣服总是补了又补，脚上的解放鞋被脚趾顶破，就用草裹住捆在脚面上。"小儿子张健全记忆犹新。

相濡以沫，她理解他。可是，孩子有过"想不通"。

大儿子张建国高中毕业，听说恩施城里有招工指标，很想去。张富清管着这项工作，不但对儿子封锁信息，还要求他响应国家号召，下放到卯洞公社的万亩林场。

荒山野岭，连间房子都没有，两年的时光，张建国咬牙挺着，不和父亲叫苦。

小儿子张健全记得，小时候，父亲长年下乡，母亲身体不好、常常晕倒，几个孩子不知所措，只能守在床边哭……

张富清四个子女，患病的大女儿至今未婚，与老两口相依为命；小女儿是卫生院普通职工；两个儿子从基层教师干起，一步步成长为县里的干部。

子女们没有一个在父亲曾经的单位上班，也没有一个依靠父亲的关系找过工作。孙子辈现在大多在做临时工，一个孙媳妇刚刚入职距县城几十公里的农村学校。

"父亲有言在先，他只供我们读书，其他都只能靠自己的本事，他没有力量给我们找工作，更不会给我们想办法。"张健全说。

有人劝张富清"灵活点儿"，他正色道："我是国家干部，我要把我的位置站正。如果我给我的家属行方便，这不就是以权谋私吗？这是对党不廉洁，对人民不廉洁，我坚决不能做！"

一辈子，"党和人民的要求"就是他的准则，"符合的就做，不符合的就坚决不做"。

分管机关，他没有给家庭改善过住宿条件；分管财贸，他没有为孩子多搞一点营养伙食；分管街道，他没有把一个矛盾问题随意上交……

有一次，分管粮油的张富清把"上面"得罪了。

某机关的同志来买米，提出要精米不要粗米。想到群众吃的都是粗米，又见对方盛气凌人，张富清看不惯，没几句就和对方红了脸。

来人跑去告状，一个副县长来了，批评张富清"太固执"。张富清很较真儿，回答说："干部和群众应该一视同仁，如果我给谁搞了特殊，就违反了党的政策。"

战场上雷厉风行，工作中铁面无私。张富清把一腔热情投入建设来凤的工作中，却把一个永远的遗憾藏在自己心底。

1960 年初夏，不到 20 天时间，张富清的老家接连发来两次电报：第一次，是母亲病危，要他回家；第二次，是母亲过世，要他回去处理后事。

工作繁忙、路途遥远，考虑再三，他没有回去。

"为什么没有回去呢？那时国家处于非常时期，人民生活困难，工作忙得实在脱不开身，只能向着家乡的方向，泪流满面，跪拜母亲……"时隔多年，张富清在病中，专门在日记里写下当年的心境："自古忠孝难两全，作为一个共产党员，我怎能因为家事离开不能脱身的工作？"

这就是张富清的选择：战争岁月，他为国家出生入死；和平年代，他又为国家割舍亲情。

2012 年，张富清左腿突发感染，高位截肢。手术醒来后，他神色未改，只自嘲一句："战争年代腿都没掉，没想到和平时期掉了。"

张富清担心"子女来照顾自己，就不能安心为党和人民工作"。术后一周，他就开始扶床下地。医护人员不忍：牵动伤口的剧痛，他这么大岁数怎么承受？

令人惊叹！术后不到一年，88 岁的张富清装上假肢，重新站了起来。

没有人见过他难过。只有老伴儿孙玉兰知道，多少次他在练习中跌倒，默默流泪，然后又撑起身体，悄悄擦去残肢蹭在墙边的血迹……

张富清的一生，从没有一刻躺在功劳簿上。面对这样一位不忘初心、不改本色的英雄，我们除了致敬，更应懂得他的选择

2019 年 3 月的一天，张富清家中来了两位特殊的客人。他所在老部队、新疆军区某团从媒体上了解到张富清的事迹后，特意指派两名官兵前来探望。

"门口的绿军装一闪，他就激动得挣扎起来，双手拼命撑着扶手，浑身都在使劲，最后，硬生生用一条腿站了起来！"回忆那天的情形，张健全的眼眶湿润了。

年轻的战士朗读起全团官兵为老英雄写的慰问信。他念一句，老伴儿就凑着张富清的耳朵"翻译"一句。当战士念到"三五九旅""王震将军"这两个词时，张富清无须"翻译"竟听清了，先是兴奋地拍手，后又激动地落泪。

为了迎接战友，张富清特意将军功纪念章别在胸前。

望着父亲精神抖擞的样子，张健全偷偷抹去眼角的泪水。他知道，这一生，如果说父亲有什么个人心愿，那就是再穿一次军装，回到他热爱的集体中去。

多少年了，这是第一次，他高调地亮出赫赫战功。也是第一次，他能够面对战友，说说自己的心里话："我们的新中国就要庆祝成立 70 年了，盼着我们的祖国早日统一，更加繁荣昌盛，希望部队官兵坚决听党的话，在习近平主席的强军思想引领下，苦练杀敌本领，保卫和建设好我们的国家。"

临别，张富清又一次坚强站起，挺直脊背，向老部队战友行了一个庄严的军礼。

"我看到老前辈眼里亮晶晶的。"新疆军区某团政治处组织股股长陈辑舟回忆说，老人的眼中，有久别重逢的喜悦，更有郑重交付的嘱托。

回到部队，他们把老英雄的故事讲给战友们听，全团官兵热血沸腾。

"作为一名战士，我要像老前辈那样，苦练杀敌本领，争当优秀士兵。"战士李泽信说。

"作为新时代的官兵，我们要发扬老前辈'一不怕苦，二不怕死'的精神，哪里需要哪里去，哪里艰苦哪'安家'。"干部胡妥说。

"英雄事迹彪青史，传承尚需后来人。"团政治委员王英涛说："历史的接力棒交到我们手中，一定要传承好老前辈的优良传统，把胜战的使命扛在肩头，猛打敢担当，猛冲不畏惧，猛追夺胜利，高标准完成党和人民交给我们的任务。"

张富清的事迹传开后，老人一次次拒绝媒体采访，更不许儿女对外宣扬。后来，有人说，"您把您的故事说出来，对社会起到的教育作用，比当年炸碉堡的作用还大"，老人的态度"突然有了180度的转弯"。

"有几次采访正赶上父亲截肢后的断腿疼痛发作，他没有表露一点，连休息一下都不提，其实早已疼得一身透汗。"张健全说。

从深藏功名到高调配合，张富清的选择始终遵从初心。

他的心很大，满满写着党和国家；他的心又很小，几乎装不下自己。

他去做白内障手术，医生建议："老爷子，既然能全额报销，那就用7000元的晶体，效果好一些。"可张富清听说同病房的群众用的晶体只有3000元，坚持换成了一样的。

他把自己的降压药锁在抽屉里，强调"专药专用"，不许同样患有高血压的家人碰这些"福利"。

他的衣服袖口烂了，还在穿，实在穿不得了，他做成拖把；残肢萎缩，用旧了的假肢不匹配，他塞上皮子垫了又垫，生生把早已愈合的伤口磨出了血……

赫赫功名被媒体报道后，考虑到张富清生活不便，单位上想把他的房子改善一下，他说不用；想安排人帮忙照料，他依旧执拗，只有一句："不能给组织添麻烦"……

"我已经离休了，不能再为国家贡献什么，能够节约一点是一点。"很多不通常情的做法，在张富清看来，都有着理所应当的理由。

"他完全可以提要求，向组织讲条件。他完全可以躺在功名簿上，安逸闲适地度过余生。"来凤县委巡察办主任邱克权听说张富清的事迹后，利用工作之余查阅大量资料，自愿承担起挖掘梳理张富清事迹的工作。

从好奇到感佩，邱克权感到，越是走进老英雄平淡的生活，越能感受到一名共产党员强烈的炽热。"什么是不改初心，什么是淡泊名利，他就像一面镜子，映照平凡中的伟大。"

张富清床边的写字台上，一本2016年版的《习近平总书记系列重要讲话读本》格外引人注意。因为时常翻阅，封皮四周已经泛白。

第110页的一段文字旁，做着标记——

"要不断改造主观世界、加强党性修养、加强品格陶冶，老老实实做人，踏踏实实干事，清清白白为官，始终做到对党忠诚、个人干净、敢于担当。"

什么是坚定信仰？什么是初心本色？张富清用一生给出了答案。

新中国走过70年风风雨雨，张富清的岗位、身份一再改变，始终不变的，是他对党和国家的无限忠诚，对人民群众的赤子之心。

采访中，张富清多次强调："在战场上也好，在和平建设时期也好，我就是完成了党交给我的任务，这都是我应该尽的职责，说不着有什么功。"

"泪流满面，这是何等境界""赤子之心，感人肺腑""这才是真正的党员"……老英雄的事迹，朴实无华，却直抵人心。媒体争相报道后，引起社会广泛反响。

网民"周杰伦奶茶店"说："六十多年了，不是因为一次偶然，这位老英雄依旧会把曾经的荣誉埋藏在心里。他只把自己当成一个幸运儿，那个活下来替所有牺牲的战友领取那份荣誉的人。事了拂衣去，深藏功与名。穿上军装卫国，脱下军装建设国家。所谓英雄者，大概如是吧。"

莫道无名，人心是名。

不断有相关机构向老人提出收藏他军功证书的请求。

"我现在还舍不得、离不开，但是我想将来，还是会捐赠给国家，因为这些本来就属于国家。"老人袒露自己的"私心"。

精神富足、生活清淡、追求纯粹——

他的名字"富清"，正是他一生的写照。

（新华社 2019 年 5 月 24 日）

张富清：信仰如山，初心如磐

■ 谭元斌

在很多人心里，张富清这个名字传递的感动、带来的震撼仍在延续。

战斗英雄、"共和国勋章"获得者张富清，今年将步入 97 岁高龄。2019 年三四月间，张富清的感人事迹被逐步披露，为公众所知晓。开展党史学习教育以来，全国已有数万名党员干部到湖北来凤县民族博物馆张富清先进事迹陈列馆参观。

年迈力衰，如山的信仰没有变，如磐的初心没有变。荣誉加身，他依然是那个朴实纯粹、淡泊名利的张富清。

董存瑞式的战斗英雄

1924 年 12 月出生于陕西汉中洋县的张富清，在西北解放争中立下了赫赫战功，是一位"董存瑞式的战斗英雄"。

1948 年初，宜川战役打响，国民党军整编第 90 师在瓦子街落入我军伏击圈被歼。作为在该师干杂活儿的杂役，面对我军给出的回家可以发路费的优待政策，张富清毅然选择参加革命，成为英雄部队 359 旅 718 团的一员。

矮小瘦弱不被国民党军官"瞧得起"的张富清，加入英雄部队后发生蜕变，最终成长为敢打敢胜的"战斗英雄"。1948 年 8 月，壶梯山战斗打响，担任突击组长的张富清，"攻下敌人碉堡一个，打死敌人两个，缴机枪一挺，并巩固了阵地，使后边部队顺利前进"。他因此荣立师一等功，被授予师"战斗英雄"称号。

1948 年 11 月，永丰城战斗打响。又一次担任突击组长，张富清携带两个炸药包、一支步枪、一支冲锋枪和 16 颗手榴弹，夜间攀上寨墙，炸掉敌人两个碉堡，身受重伤仍独自坚守阵地到天明，数次打退敌人反扑。他因此荣立军一等功，被授予军甲等"战斗英雄"称号，并被西北野战军加授特等功。在西北解放战争中，张富清先后获得一次特等功、三次一等功、一次二等功，两次"战斗英雄"称号。

深藏功名，造福一方

1953 年 3 月至 1954 年 12 月，没有受过任何教育的张富清按照组织安排，进入中国人民解放军防空部队文化速成中学学习。1955 年 1 月退役转业，他坚决服从组织安排赴偏远的鄂西恩施地区工作。

他带着爱人孙玉兰扎根三省交界的恩施来凤县，一口皮箱，锁住了他在战场上用鲜血换来的全部荣誉。

到来凤县后，张富清先后任城关粮油所主任、三胡区副区长、区长，建行来凤支行副行长等职务。他甘愿做伟大事业的一块砖，日复一日、年复一年，努力奉献，毫无怨言。

为了带头示范，他让爱人孙玉兰从他分管的三胡区供销社下岗，让大儿子张建国到卯洞公社万亩林场当知青。

为了让群众接受自己，他住进最穷的社员家，白天与社员一起干重体力活儿，晚上开完会后，帮社员挑水扫地。

进驻卯洞公社高洞管理区，群众反映出行难、吃水难，他带着社员四处寻找水源，50多岁年纪腰系长绳，下到天坑底部找水。组织修路，他与社员一起在绝壁上抡大锤打炮眼。

任三胡区副区长、区长期间，他推动老狮子桥水电站建设，让两个生产队进入"电力时代"。

荣誉加身，本色不改

1985年1月，张富清站完最后一班岗，从建行来凤支行副行长岗位上离休。

离休后，张富清继续保持艰苦朴素的作风，住老房子、用旧家具、穿旧衣服，过俭朴生活。一个搪瓷缸、一口皮箱，他用了60多年。

即便离休了，张富清也时时处处严格要求自己。卧室的书桌上，摆着成堆的学习资料。享受公费医疗政策的他，为了防止家人"占便宜"，不惜锁住放药的抽屉。

2012年，张富清因病左腿截肢。为了不影响子女"为党和人民工作"，88岁的他装上假肢，拼命练习一年，顽强站了起来。

他讲不来豪言壮语，所说的每一句话都那么质朴纯净、直抵人心。

60多年里，张富清将赫赫战功锁在箱底、深埋心底，闭口不提，他的老伴儿和儿女都不知情。2018年底，国家开展退役军人信息登记，张富清的战斗英雄身份才得以发现。

张富清荣获了"全国优秀共产党员"、"最美奋斗者"、"时代楷模"等荣誉称号，并被授予"共和国勋章"。诸多光环加身，他依然是那个坚守初心、保持本色的张富清；依然是那个"为党为人民可以牺牲一切的张富清"。

这位1948年8月在战场上火线入党的老党员这样说："我要在有生之年，坚决听党的话，党指到哪里，我就做到哪里，党叫我做啥，我就做啥。"

（新华社 2021 年 6 月 15 日）

全国第一家视频报道张富清

　　作为最早跟进报道张富清同志事迹的媒体之一，中央广播电视总台湖北记者站记者在 2019 年 2 月采访了老英雄，社会反响热烈。同年 5 月，湖北站站长王涵带队开启新一轮采访。半个月时间里，报道团队多次进出来凤县，在恩施、武汉等地分组进行多维度采访，并协调采访新疆原部队、陕西老兵，全方位展现张富清同志在部队保家卫国、到地方为民造福，一辈子坚守初心、不改本色的英雄事迹。中央电视台也因此成为全国第一家视频报道张富清老人事迹的媒体。

　　2019 年 2 月，中央广播电视总台湖北记者站首批报道记者进入来凤县，在采访的十多天里，年轻的记者一直喊着"爷爷"、"奶奶"，和二老拉家常，陪二老去买菜，在老人的眼里，他们已然是亲亲热热的孙子孙女。老人有记笔记的习惯，2 月 22 日，他写下了这次采访的情景。

　　作为平均一年做出一个《感动中国》人物的记者站，中央广播电视总台湖北站始终牢记：记者站离一线近、离现场近、离基层近、离群众近，是央视扎根基层的"毛细血管"，需要时刻增强

"眼力"，发现、挖掘鲜活的新闻素材和人物典型。在张富清老人的报道播出后，不少网友在央视新闻微博、微信、客户端下方留言，纷纷表示"看哭了"、"这就是英雄"、"真侠客"……这个新时代的正能量重大人物典型获得了一致赞美。

中央广播电视总台湖北站站长王涵采访老人的情景

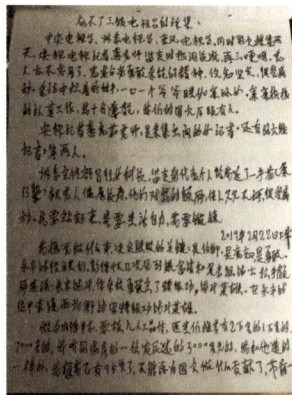

老人记的接受采访后的笔记

记者与张富清老人采访后的合影

战场上，决定胜败的关键是信仰和意志
——走近 95 岁老兵张富清（一）

■ 夏静　张锐　章文

一本淡红的立功证书、一份泛黄的西北野战军报功书、3 枚闪耀着光芒的军功章、一本绯红的中国人民解放军转业军人证明书……

2018 年 12 月 3 日下午，湖北来凤县一次看似寻常的退役军人信息采集，揭开了张富清老人尘封 60 多年、浴血疆场战功赫赫的革命岁月。

"'人民功臣'奖章不是一般人能够得到的。应该是在某个大型战役中，对整个战局有突出贡献，或者对战局有扭转作用，通过九死一生才能获得的。"来凤县人社局退役军人信息采集员聂海波说。

1948 年 3 月，24 岁的张富清光荣入伍，成为西北野战军第二纵队 359 旅 718 团 2 营 6 连的一名战士。6 月，他在壶梯山战役中任突击组长，攻下敌人碉堡一个、打死敌人两个、缴获机枪一挺；7 月，他在东马村带突击组 6 人，占领敌人一个碉堡，负伤不下火线；9 月，他在临皋负责搜索，发现敌人后，迅即占领敌人外围最高点，压制了敌人封锁火力……

张富清回忆说，打了多少仗，也说不清了。印象最深的是陕西永丰城那一仗。11 月 27 日夜，张富清带领一个三人突击组，通过地道，抠着墙砖缝隙攀上城墙。张富清第一个跳进城里，敌人向他扑来，他端起冲锋枪猛扫，敌人倒下一片。突然，他感觉头被重重地砸了一下，顿时头晕目眩。他用手一摸，一块头皮翻了起来，满脸都是鲜血，原来是子弹擦着头皮飞过。

此刻，他已经顾不得这些，冒着枪林弹雨匍匐前进接近敌人的碉堡，用刺刀刨出一个土坑，将捆在一起的八颗手榴弹和一个炸药包码在一起，拉下拉环。就这样，他炸毁了两座碉堡。敌人多次组织反扑，都被他打退。不久，大部队发起总攻，解放了永丰城。

作为主攻部队，张富清所在的连是永丰战役突击连。战事惨烈，一夜之间换了八个连长，而他也再没见到两位突击组的战友。永丰一战，西北野战军共歼国民党军第 76 军 2.5 万余人，俘虏了敌人军长李日基，粉碎了胡宗南的军事部署，有力配合了淮海战役，同时也解决了部队粮食问题。

张富清因为作战英勇，荣立西北野战军特等功。西北野战军司令员兼政委彭德怀签发的报功书上说，张富清"因在陕西永丰城战斗中勇敢杀敌，荣获特等功，实为贵府之光我军之荣"。

张富清说，作为共产党员、革命军人，越是艰险越要向前。为了党和人民，就是牺牲了，也是无比光荣！当时只要有突击任务，我都报名参加。

陕西、甘肃、青海、新疆……张富清跟随部队一路行军打仗，荣立西北野战军特等功一次、军一等功一次、师一等功一次、师二等功一次、团一等功一次，并被授予了军战斗英雄称号、师战斗英雄称号和"人民功臣"奖章。

（《光明日报》2019 年 5 月 26 日）

学习是进退的分界线

——走近 95 岁老兵张富清（二）

■ 夏静　张锐　李伯玺

"学习是进退的分界线。学则必然进步，不学必定后退。"

当记者问起已经 95 岁高龄的战斗英雄张富清为什么一直坚持学习时，他作了如上回答。

恰如毛泽东同志所说的，读书是学习，使用也是学习，而且是更重要的学习。出身贫寒、当过长工的张富清，在校读书学习的时间十分短暂。

1953 年，张富清作为从全军抽调的优秀指战员的一员，原本计划开赴朝鲜战场。后来因为签署了朝鲜停战协定，部队就安排他们这批干部在天津、武汉、南昌等地的中国人民解放军防空部队文化速成中学学习。在两年速成班期间，张富清在语文、算术、自然、地理、历史等课程的得分，按照五分制，基本都在四分及以上。

"学习是一切工作的关键。不知政策，工作就无从着手。"

张富清转业到地方后，为提高自身政策水平和文化水平，他买来《新华字典》进行自学。几十年里，靠着一本 1953 年版、一本 1979 年版的《新华字典》，他熟读《毛泽东选集》、《邓小平文选》、《政治经济学教科书》等著作和教材，坚持阅读《人民日报》、《红旗》(《求是》)、《半月谈》等报刊，通过摘抄内容、制作剪报、记录心得等方式，学习掌握党和国家的大政方针政策。

"工作上离休了，在思想政治上不能离休。要常常学习，检查自己。"离休后，张富清依旧没有丝毫懈怠，一直保持着读书看报看新闻的习惯。

在老人的卧室，放着一张老旧书桌，上面的书籍摆放得整整齐齐。2016 年版的《习近平总书记系列重要讲话读本》，封面本来是黄色的，由于张富清老人经常翻阅，封皮的四周已经泛白，书口也起了褐色的毛边。

打开这本书，里面散布着醒目的红色顿点和波浪线。在书的第 110 页的一段文字旁，他写下这样的批注："要不断改造主观世界，加强党性修养，加强品格陶冶，老老实实做人，踏踏实实干事，清清白白为官，始终做到对党忠诚、个人干净、勇于担当。"

"我每天都要坚持读书，读书已成了我的一种生活方式。"张富清老人说。

（《光明日报》2019 年 5 月 27 日）

光当指挥官不行，还要当好战斗员

——走近 95 岁老兵张富清（三）

■ 夏静　章文　张锐

退伍不褪色。

转业到来凤工作的张富清，依旧保持着战斗中、行军中突击队员的风范，敢啃硬骨头，冲锋在一线。

1959 年，张富清调到来凤三胡区担任副区长。而正是这年，来凤发生了大旱，一连 82 天没有下雨。庄稼无水灌溉，人畜饮水非常困难。来凤县动员辖区干部群众想方设法、千方百计寻找水源。

今年 88 岁的邓明成，曾担任原三胡区的民兵连长。说起当年与张富清一起组队找水的情景，邓老依然记忆犹新。

当年张富清一行尝试着到山洞寻找水源。因为来凤地处武陵山区，属于喀斯特地貌，溶洞多，地下暗河多，山洞里有水的可能性要大些。张富清一行五六个人每人都拿着新的电筒和电池。不知道在山洞里具体走了多远，但当他们走出洞子的时候，手电筒电池的电量已经耗尽了。

有志者，事竟成。三胡区终于找到了水源，村民积极投工投劳，修建输水渠道，解决了两个大队的灌溉问题。

就像带头扎入不知通向何处的幽暗山洞寻找水源一样，张富清始终直面急难险重，与群众一道克难勇进。

1975 年，51 岁的张富清调任卯洞公社革命委员会副主任。在班子成员分配工作片区时，他抢先选了最偏远的高洞片区。那里不通路、不通电，是全公社最困难的片区。

时任卯洞公社组织委员的董香彩回忆说，组织上考虑张富清年纪大，安排他分管机关和财贸，本可以不下乡。可他说："小董啊，我们光当指挥官不行，还要当好战斗员。"

为改变高洞"办事靠走，喊人靠吼"的历史窘境，张富清干脆吃住在村里，连续 4 个多月与社员一起抢大锤、打炮眼、开山放炮，在悬崖绝壁上修筑公路。累了，就靠在工地上歇一歇；渴了，就捧一捧山泉水喝。在 120 多个日日夜夜里，他既当指挥员，又当战斗员，既协调用地拆迁矛盾，又与广大群众一道拼命苦干硬干。在国家没有投入、没有专项征地拆迁费用的情况下，靠艰苦细致的思想工作和肩挑人扛，使海拔一千多米的高洞终于通了公路。

担任副区长时，他带领村民钻山洞找水源，修水渠；担任公社副主任时，他与社员一道肩挑背驮，开山修路；担任县建设银行副行长时，与借款单位的煤矿工人同吃住，帮助企业抓生产促销售……

党的干部，哪里需要就去哪里。

在每一个工作岗位上，张富清始终勤勤恳恳，勇挑重担，与人民群众奋斗在一起，奋战在一线。

（《光明日报》2019 年 5 月 28 日）

发扬突击队员的精神，我要站起来
——走近 95 岁老兵张富清（四）

■ 夏静　张锐　李伯玺

在烽烟滚滚的革命年代，张富清多次担任突击队员，纷飞的弹片曾经掀起过他的头皮，至今留有疤痕；腋窝被敌人的燃烧弹烧伤，多年后依旧焦黑；牙齿也在战斗中被炮弹震松……

"您在解放战争中，冒着枪林弹雨，冲锋陷阵。受的伤对您的生活和工作有哪些影响？"

"影响不大，基本能坚持照常工作。"张富清老人笑着说。

2012 年 4 月，时年 88 岁的张富清老人，因左膝关节感染引发败血症，持续高烧不退，生命一度垂危。辗转县、州医院治疗不见好转，武汉大学人民医院的医生建议截肢。不少人都以为老人从此只能在轮椅上度日。

"战争年代腿都没掉，没想到和平时掉了。"术后醒来，老人说。但张富清老人没有被这样的厄运击倒。

"发扬突击队员的精神，我要站起来。""不能给组织添麻烦，不能给家人增加负担，得让他们集中精力为党多做点事情。"张富清心里铆着一股劲。

张富清的老伴孙玉兰说，他伤口刚愈合，就用一条独腿做支撑，先是沿着床慢慢移动，后来渐渐扶着墙壁练习走路。每走一趟下来，汗水把内衣都打湿了。有时走不好，还把自己弄伤了，墙壁上还有老人跌倒时手抓留下的痕迹。

"我天天这么摸索经验，时间一久，慢慢就习惯了熟悉了。"张富清说。暑往寒来，将近一年的锻炼，张富清老人就能拄着支架上下楼梯，上街买菜，常常下厨给老伴炒几个菜。当他觉得家里哪里需要打扫一下，他还自己动手清扫。

装上假肢后，张富清坚持不坐轮椅。他在假肢肤色硅胶上缠上白色布条，咬合接驳的槽口里垫着黑色的胶皮。然而，随着年纪增加，肌肉萎缩加重，骨骼也渐渐缩短，原本紧密贴合皮肤的假肢接口逐渐松动，老人就自己到处找来材料垫垫补补。儿女多次提出要给他换，他都不让，说自己垫着用得还好。直到今年内槽松动越来越大，垫在里面的黑胶皮特别硬，外面的白布又粗糙，走路时腿磨破了皮，伤到了骨头，他才勉强同意更换。

"有了对共产党的信念，在战场上没有任何畏惧。"

不光是在战场上英勇无畏、一往无前，张富清在88岁高龄截肢后重新站起来，自立自强，依靠的更是坚定不移的信念。

（《光明日报》2019 年 5 月 29 日）

180 度的转弯背后

——走近 95 岁老兵张富清（五）

■ 夏静　张锐　章文

　　从 1955 年转业到湖北来凤，张富清就把军功证书和荣誉奖章锁到一口箱子里，除向组织如实填报个人情况外，从未对身边人说起过去的战功。

　　"张富清的小儿子小女儿曾在我带的班上读书，我时常到他家家访，他从来不讲他当过兵，更没有讲他立过功。"来凤县原教委主任向致春说，不光是他，当年卯洞公社几万人，干部也好、群众也好，没一个人晓得张富清当过兵，更没有人知道张富清还是立过功的战斗英雄。

　　来凤县人社局退役军人信息采集员聂海波介绍说，以前，民政部门和人社部门会有退伍军人的相关信息。但是在这次全国范围内的退役军人信息采集之前，这么多年没有见张富清老人到相关部门登记信息。

　　"党和国家开展退役军人信息采集工作是一件大好事。"在张富清看来，"我已是 95 岁的一名普通的离休党员、普通的居民，不会给党和国家增加麻烦的。如果我不如实向党报告，是对党对组织不忠。只好取出报功书、立功证等原始证件配合采集。"

张富清老人登记了服役信息不久，有媒体希望能够采访他。

"这些往事，组织上已经给了我证书和勋章，我没必要再拿出来到处显摆。"

"和我一起并肩作战的很多战友，为党为人民献出了宝贵生命，他们的功劳都比我高，我有什么资格标榜自己，有什么资格到处炫耀啊。"

来凤县委巡察办主任邱克权介绍，当来凤县采集到他的服役信息后，县里组织采访，他是拒绝的。今年 2 月初，湖北省的媒体要采访他，儿子给他撒了一个善意的谎言：省里有领导来看你，你是共产党员，对党要忠诚，对党要说实话。

自己的事迹见报后，张富清把儿子数落了一顿："你不是说，是省里领导来了解情况吗，怎么见报了？"那几天他情绪低落，从此又不接受采访了。

后来大家通过他儿子张健全说，您把自己的事情和经历说出来，对国家的贡献，要比当年炸碉堡立功勋的贡献还要大。老人想通之后，他对接受采访的态度来了 180 度的大转弯。张健全说，"有几次采访正赶上父亲截肢后的断腿疼痛发作，他没有表露一点，连休息一下都不提，其实早已疼得一身透汗。"

张富清曾说，共产党处处都是为人民办事的，为国家昌盛办事的。只有跟着共产党，进一步受党的教育，使自己为党、为人民做点工作。

革命年代，浴血疆场，保家卫国；建设年代，夙夜在公，为民造福；离休之后，奋进不息，自立自强。从深藏功名 64 年，到 95 岁时讲述革命生涯，看似 180 度的逆转，实际上却是始终如一：少给组织添麻烦，多为党和人民作贡献。

（《光明日报》2019 年 5 月 30 日）

张富清

从不提当年勇，直到退役军人信息采集时才发现

——95 岁老人是功勋卓著的战斗英雄

■ 胡成　张欧亚　刘俊华　秦叙常　邱克权

九十五岁的张富清老人

中国建设银行来凤支行的离休干部张富清，今年95岁了。在熟人和子女眼里，他是一位温和慈祥的长者。去年底，来凤县退役军人事务局在进行退役军人信息采集时，老人出示了一张泛黄的"立功登记表"。上面记录着他在解放战争时期荣立一等功三次，二等功一次，攻占摧毁敌人碉堡四座，多次充当突击队员在战火中九死一生。直到这时，人们才知道，这是一位有着卓著功勋的战斗英雄。

参加突击队只身攻下多座碉堡

张富清的档案显示，他1924年出生于陕西汉中洋县，1948年参加解放军西北野战军，1955年转业到恩施来凤县，先后在县粮食局、三胡区、卯洞公社、外贸局、县建设银行工作，1985年在县建行副行长岗位上离休。

2018年11月，来凤县退役军人事务局进行退役军人信息采集工作。张富清配合信息采集，出示了一张《立功登记表》、一张报功书、几枚徽章等原始资料，让家人和工作人员震惊。这张泛黄的登记表上记录了张富清在西北野战军4次立功的经过：一、1948年6月，他作为十四团六连战士，在壶梯山战役中任突击组长，攻下敌人碉堡一个、打死敌人两名、缴获机枪一挺，并巩固了阵地，使后边部队顺利前进，获师一等功；二、1948年7月，他作为十四团六连战士，带领突击组6人，在东马村消灭外围守敌，占领敌人一个碉堡，给后续部队打开缺口，自己负伤不下火线，继续战斗，获团一等功；三、1948年9月，他作为十四团六连班长，在临皋执行搜索任务，发现敌人后即刻占领外围制高点，压制了敌人封锁火力，完成了截击敌人任务，迅速消灭了敌人，获师二等功；四、1948 年 10 月，他作为十四团六连班长，在永丰战役中带突击组，夜间上城，夺取了敌人碉堡两个，缴获机枪两挺，打退敌人数次反扑，坚持到天明，获军一等功。

张健全是张富清的小儿子，今年也有 57 岁了，曾任县政法委常务副书记。看到父亲私人收藏的历史资料，他也感到非常惊奇，几十年来，他只知道父亲是一名退伍军人，却从未听他说起过这些赫赫战功。

冲锋陷阵时子弹擦着头皮飞过

记者偶然获悉这个消息，联系到张健全表示想采访他的父亲，他感到有些为难，不确定父亲是否愿意接受采访。后来对老人称"省里有人想来看望，了解一下过去战争的情况"，老人勉强答应和我们聊一聊。

张富清老人和老伴孙玉兰，住在 20 世纪 80 年代建成的一间简陋两居室里。他听力不佳，需要靠 84 岁的老伴转述。在记者的请求下，老人从箱底翻出一个盒子，从里面拿出立功证书、报功书和军人登记证，这些都是 1948 年至 1951 年间的原始资料，显示当时西北野战军的司令员兼政委是彭德怀。

张富清告诉记者，他 1948 年 3 月参加解放军，当时不分白天黑夜战火正猛，他记不清打了多少仗，但记忆最深的是永丰城那一仗。那天拂晓，他和另两名战友组成突击组，率先攀上永丰城墙。他第一个跳下城墙，冲进敌群中展开近身混战，也不知道战友去哪里了。他端着冲锋枪朝敌群猛扫，突然感到头顶仿佛被人重重锤了一下，他缓过神来继续战斗。后来又感觉血流到脸上，用手一摸头顶，一块头皮都翻了起来，他才意识到一颗子弹擦着头皮飞过，在头顶留下一道浅沟。

击退外围敌人后，张富清冲到一座碉堡下，刨出一个土坑，将捆在一起的8颗手榴弹和一个炸药包码在一起，拉下手榴弹的拉环。手榴弹和炸药包一起炸响，将碉堡炸毁。这场战斗一直打到天亮，他炸毁了两座碉堡，缴获两挺机枪。战斗结束，他死里逃生，而突击组的另两名战友却再也没有见到。

张富清说，他多次参加突击组打头阵，但当年他的身体其实很瘦弱，他打仗的秘诀是不怕死。"一冲上阵地，满脑子是怎么消灭敌人，决定胜败的关键是信仰和意志。"张富清总结说。

因为打仗勇猛，彭德怀到连队视察鼓劲的时候，多次接见张富清和突击组战士。永丰战役后，彭德怀握着他的手说："你在永丰战役表现突出、立下了大功。"还亲手给他授功。

转业后依然保持突击队员本色

1955年，张富清转业到来凤县。

时年68岁的田洪立，曾与张富清在来凤县卯洞公社共事4年多。当时田洪立是公社副书记，张富清是公社革委会副主任。

记者问起田洪立是否知道张富清是战斗英雄，他非常意外。他回忆说，张老为人正派，从不倚老卖老、夸夸其谈，工作中总是挑最困难的任务，但从未听张老讲过去打仗的经历。

田洪立记得当年公社班子成员分配工作片区，张老抢先选了最偏远的高洞片区，那里不通路、不通电，是全公社最困难的片区。

在建行来凤支行里，许多人知道这位离休的副行长，但都没听说过他的英雄事迹，33岁的年轻行长李甘霖却对张富清敬佩有加。

李甘霖告诉记者，去年11月，他得知张老要去武汉做白内障手术，需要植入人工晶体。他嘱咐老人："您是离休老革命，医药费全部报销，可以选好一点的晶体，保证效果。"后来老人做完手术回来，李甘霖发现老人只选了一个3000多元最便宜的晶体。

张富清说："我90多岁了，不能再为国家做贡献了。医生给我推荐7000多元到2万多元的晶体，我听到同病房的一名农民只选了3000多元的，我也选了跟他一样的，为国家节约一点是一点。"

张富清虽然从未向同事讲过自己在战争年代中当突击队员的经历，但他在行动上一直是奉行着一名突击队员的标准。

深藏功名数十载连子女都没讲

因为退役军人信息采集，张健全无意中知道父亲战斗英雄的身份。最近一次，趁着陪父亲在医院看病，他试着询问父亲一些战场的经历。老人向他出示了两处伤口，一处是右边腋下，是在战斗中被敌人的燃烧弹灼伤，一处就是头顶的子弹擦伤。

记者问，这么英勇的事迹为什么从来不讲呢？老人说："这些往事，组织上已经给了我证书和勋章，我没必要再拿出来到处显摆。"

来凤县退役军人事务局的领导在上门探望时，询问张富清老人有什么要求。他动情地说："当年和我并肩战斗的那些战友，好多都牺牲了，还有一些整连整排牺牲的战友，他们根本没有机会提任何要求。比起他们，我今天吃的、住的已经好很多倍了。我有什么资格居功自傲，给党找麻烦提要求呢？"

张富清老人还欣慰地说，他一家四代人，如今有 6 名党员，后辈们都兢兢业业地工作着，子孝孙贤，是他最满足的事。

（《湖北日报》2019 年 2 月 15 日）

2021 年 6 月 29 日张富清首次报道团队再访张富清。右二为张孺海，右一为张欧亚，左一为刘俊华，左二为胡成。

2021 年 6 月 29 日
再访张富清视频

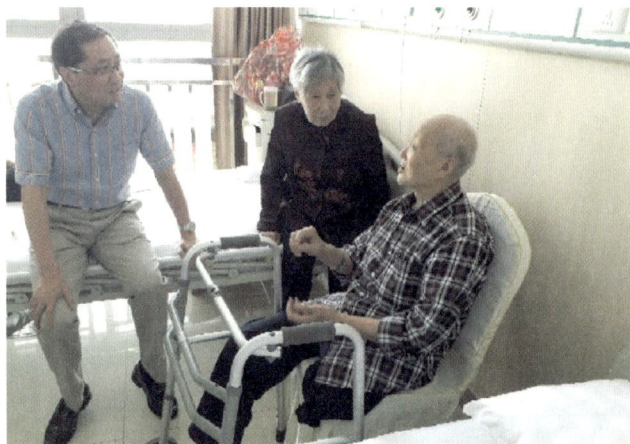

2019 年 6 月张孺海回来凤探望张富清

《湖北日报》记者采访张富清

《湖北日报》记者采访张富清

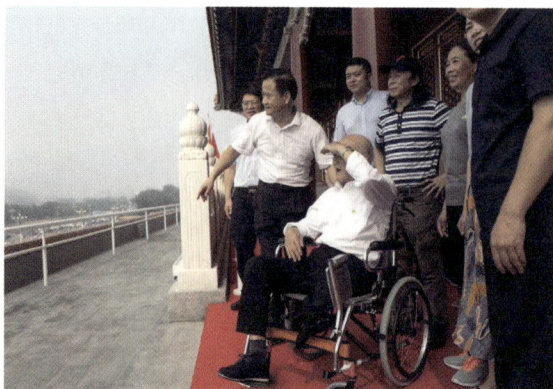

《湖北日报》记者（二排左一）在天安门城楼采访张富清

原三五九旅今新疆军区红军团政委王英涛（右五）在来凤率三五九旅老战士和张富清互致军礼

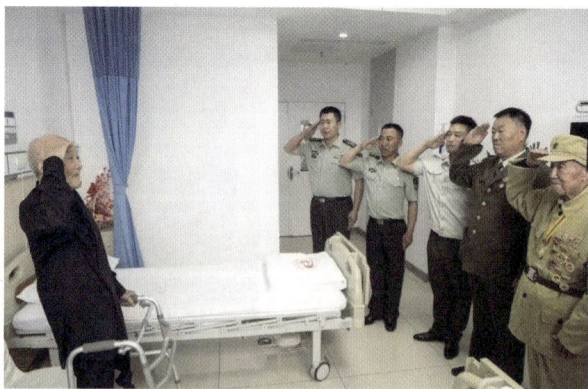

10 社会/专刊

从不提当年勇，直到退役军人信息采集时才发现——

95岁老人是功勋卓著的战斗英雄

春节期间，我省法律援助工作者或值守热线、或四处奔波，为农民工维权——

法律援助，春节"不打烊"

14 专刊

我们是怎样发现老英雄张富清这个重大典型的？

凭多年职业敏感判断：这是一个重大典型

感人的故事让我们激动不已

一座精神的丰碑

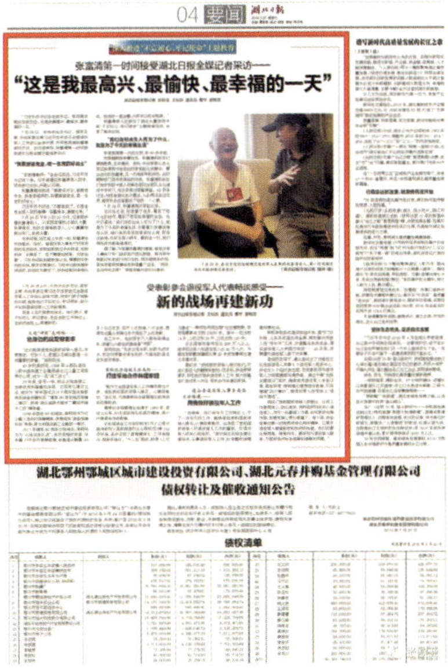
04 要闻

张富清第一时间接受湖北日报全媒记者采访——

"这是我最高兴、最愉快、最幸福的一天"

受表彰参会退役军人代表畅谈感受——

新的战场再建新功

湖北鄂州鄂城区城市建设投资有限公司、湖北元春并购基金管理有限公司

债权转让及催收通知公告

债权清单

《湖北日报》版面图

《湖北日报》版面图

纪录片《本色》拍摄需要跨过的三道坎

■ 张昌旭

一

一般来说，拍摄人物纪录片，我们都会有很多方法接近被拍摄对象，把人的精神世界拍好拍透。但是在拍摄反映张富清老人的纪录片《本色》时，一开始我们就遇到了从未有过的难题。

一是我们进入较晚，从《湖北日报》首发，到全国各大媒体纷纷报道转载，再到中宣部组织全国媒体采访团介入，老英雄的故事可谓尽人皆知。

二是我们真正进入拍摄期，老英雄已经不堪各路媒体采访拍摄，人被折腾住进了医院。当地宣传部门规定，媒体到医院只能看望，不能拍摄。

三是经过媒体连续报道，老英雄已经成了国人心中活着的英雄。这时候如果我们仅把老人当成英雄来拍，这个片子必然失败！能不能让老英雄最纯真、最本色的闪光点还原出来，能不能把老人去英雄化还原成普通人，让他的一举一动真实感人，这才是纪录片成败的关键。

为此，我们需要跨几道坎，去寻找老英雄身上最真实且不为多见的力量，还原老人最本色的生活，寻找老英雄几十年深藏功与名、为民造福的精神起点。

二

见微知著，还原老英雄60年在来凤的生活并不难，难的是需要在大量的信息背后寻找新的信息交叉点。根据老人的自述，我们大致把老人的生平分成两个部分，一是革命战争年代，如何由一名士兵成长为战功卓著的英雄？二是和平年代，他为什么放弃留在大城市和回老家陕西工作的机会，而志愿选择到湖北鄂西山区一个贫困且偏僻的民族自治县工作。60年他深藏功名背后的逻辑是什么？

顺着这个思路，我们很快找到了张富清一辈子最核心的关键词：选择。可以说，人的一生充满选择，而张富清每一次选择，都是他灵魂深处的一次博弈与对话，是他在茫茫人海跃然而出、独显魅力的精彩一瞥。从16岁到邻村大户家做长工起，张富清的人生就充满选择：听从母亲安排，选择顶替哥哥去国民党部队做壮丁；1948年3月在陕中瓦子街遇到解放军时，他放弃可以回家的机会而选择参加中国人民解放军，从此将自己的命运与建立新中国联系在一起；此后每一次大小战斗，他都置生死于度外，选择充当突击队员，毅然与敌人进行面对面殊死搏斗，以至于成为军中赫赫有名的战斗英雄，被彭德怀、王震等签名嘉奖。战后，他随部队到达新疆、解放新疆。在驻守边疆2年后朝鲜战争爆发，中央军委在全国征调有经验的副连职以上干部赴朝作战，张富清又放弃安逸和平的生活环境，毅然报名赴朝作战。当战事缓和，军委安排这批干部转入地方文化补习班学习，张富清才赢得人生最难得的一年半学习时光。他在武汉学习结束即将转业时，人生的选择再一次把他心底从未消失的信念唤醒，他写信约来老家洋县的恋人到武汉结婚，在经过短暂的甜蜜后，就选择一起共赴鄂西贫困山区工作，"因为那里缺人、缺干部"。

来凤60年的生活，张富清的工作先后换了4个地方，而每次换工作，同样写满他始终如一的选择。哪里有困难他就到哪里，哪里有需要就到哪里去。在来凤几十年，他先后遇到母亲去世、劝妻子下岗、大女儿因高烧治疗不及时而致病等诸多大事，但张富清"先国后家"的思想，让他在关键时刻做出的选择总是鹤立鸡群，为当地百姓所叹服。尽管这几十年，他先后担任副乡长、副行长等职，其实就相当于他在部队副连长的岗位。但是他觉得自己能够活下来就很幸运，从不计较待遇，自己能做的就是为当地百姓多谋好事。要说英雄和功劳，那些在战场上死去的人才是真正的英雄，他是没有资格把军功章拿出来"摆"的。

三

理顺了这一层层的选择，剩下来的拍摄就变得清晰易行。很快，纪录片部为这个项目成立4个摄制组，分赴来凤、陕西、新疆和武汉拍摄。根据事先调研，这四组内容差异很大，要表现不同年代张富清的多种情绪和情感。因此要求在拍摄中影像风格要充分拉开差距、合理演绎、带上当地烟火气，充分展示部队的铁血精神等。

需要说明的是，尽管我们在随后两个月拍摄中老英雄一直住院，我们也履约不在医院拍摄和采访。但是经过四组合力攻关，一张被编织得缝合严密的工作图景已经把老英雄的故事清晰还原。2019年8月1日，我们在陕西洋县拍完老英雄家乡故事，在赶往来凤的途中，突然接到省委宣传部电话，说第二天要给我们半小时采访张富清老人的机会。那一刻，我们全体摄制组备感温暖，人努力，天也会帮忙！第二天，我们终于在老人家里独家采访40分钟，为本片收官打下坚实基础。

如今，距《本色》创作已有3年。这3年新冠肺炎疫情时断时续，我们的工作重心也不断变换，先后经历抗疫战贫、建党百年、献礼二十大等重点项目。但是，2019年拍摄《本色》的收获却是终生难忘。在此，我们真诚感谢张富清老人全家尤其是大哥张建国、二哥张健全，《湖北日报》张孺海先生、张欧亚先生的大力支持！没有他们的生动讲述、无私的帮助和素材提供，这个片子的成色会大打折扣。

（湖北广播电视台）

纪录片《本色》创作纪实

■ 蔡梅竹（《本色》编导）

2019 年 5 月，习近平总书记对老英雄张富清先进事迹作出重要指示强调，张富清同志 60 多年深藏功名，一辈子坚守初心、不改本色，事迹感人。他是"不忘初心，牢记使命"的楷模，是新时代最可爱的人。

根据湖北省委宣传部统一部署，湖北广播电视台纪录片部从 2019 年 5 月上旬起，就围绕老英雄张富清的先进事迹，组织开展策划、筹备、摄制工作。

作为前方编导，我接到这一任务后的第一反应是，张富清到底是个什么样的人？

阅读完当时能找到的，与张富清有关的所有资料，他的身影愈发高大。我迫不及待地想要知道，战功赫赫的他为什么要扎根深山、深藏功与名？对我而言，也许更因张富清为之奋斗半辈子的地方是恩施州来凤县，而增添了一份敬佩。作为恩施人的我，去来凤县的次数，因道阻且长而屈指可数。

初见老英雄

2019 年 5 月 9 日，我们摄制组一行四人前往恩施州来凤县。与全国蜂拥而至的各路媒体一起，采访张富清。

在来凤县建设银行家属院二楼左侧的房间里，我们第一次见到了老英雄张富清——95 岁的他正精神矍铄地坐在媒体记者们中间，红光满面且认真笃定地作答。张老的耳朵不太好，老伴儿孙玉兰就坐在他身边做"喇叭"。两人配合得当，采访进展顺利。

初见老英雄，我印象最深的是他的家——建于 20 世纪 80 年代的老楼房，家里没有一件上档次的家具、家电，墙上的油漆已经斑驳。但是，从一踏进这个家开始，就会让人立刻觉察到，这是个军人之家——地面一尘不染，床铺整整齐齐，阳台上的绿植、厨房里的油盐酱醋都朝一个方向摆放，甚至连墙角最不起眼的大蒜，也如士兵般"站"得笔直。

新闻记者离开后，才是纪录片人的"战场"。

媒体同行们的采访结束后，我们见到了一个平静如水的张富清——或

坐在书桌前，戴着老花镜，逐字逐句地读书，一笔一画地做笔记；或推着助行器站起来，跟老伴儿相扶出门，逛街买菜；或在厨房忙活一会儿，笑眯眯地端出几碗面。这份慈祥安然，很难将他与70多年前的战斗英雄联系起来。也许，这才是张富清。

我们的采访开始了。

张老向我们讲述了他的童年、家庭、参军经历，以及为何敢三次参加"敢死队"等。那一场场激烈无比的战役，仿佛就发生在昨天——"子弹擦着我的头皮飞过，血一下子就流下来了，可我愣是没觉得疼！"

打永丰城的时候，我第一个冲上城墙，抄起机枪就干翻了五六七八个敌人！

打仗就是要不怕死！不怕死地跟敌人干！

我的好多战友都死了，他们都还蛮小啊……

战友是老人最深的软肋，一谈及，必流泪。

回忆起从新疆步行到北京准备参加抗美援朝时，老人很认真地说："我是从战场上九死一生冲出来的人，要感党恩、听党话、跟党走，党叫我干啥，我就干啥。"

这次采访时间持续得比较长，我们也拿到了来自张富清本人的第一手材料。英雄不止一面，要让英雄有血有肉地立起来。

重走英雄路

从来凤回汉之后，我们在详细梳理张富清各种材料的基础上，纪录片《本色》的策划方案和实施方案出炉。

策划方案中，我们围绕张富清作为战斗英雄，挖掘他在革命战争年代的英雄事迹，折射出他终生笃定地作为军人的职责和信仰；围绕他在和平建设时期深藏功名、严于律己、勤奋工作，折射出他牢记军魂和共产党员的神圣职责；围绕他离休后坚守初心、不改本色、默默奉献，彰显出一名老军人可贵的英雄本色。

实施方案中，5个专项工作组蓄势待发——来凤组：寻访张富清转业后工作、生活过的地方，挖掘鲜为人知的故事、细节；陕西组：奔赴张富清的家乡洋县和他曾经战斗过的蒲城、永丰，还原英雄成长；新疆组：远赴新疆，采访老战友，在英雄战斗过的部队，近距离感受军人力量；武汉组：关注张富清20世纪50年代初期在武汉的学习、生活，展现英雄的另一面；后期组：实拍＋三维＋情景再现，力图真实还原英雄的峥嵘岁月、奋斗历程。

率先出发来凤组，由张昌旭主任带队，组员是杜琛、张航和我。再访来凤，我们先后去到张富清曾经工作过的三胡乡、卯洞公社、百福司镇高洞村、田坝煤矿、来凤县建设银行等地，找寻与张富清有过交集的人，听他们讲述与张富清有关的事。但是我们同时也注意到，因张富清的媒体关注度过高，我们所接触的很多人，实际上都已经接受过各路媒体的采访，面对镜头，表达纯熟，很难有纪录感。

怎样才能有不一样的收获呢？张昌旭主任另辟蹊径——

一是深"挖"别人不太好"挖"的人。比如铁匠杨圣，他是张富清从湖南永顺县引进三胡乡的打铁能人，现在经常不在家，"遇"到他的难度不小。好在，最后我们"逮"到了他，并了解到

当时张富清说服他的一些细节。

二是问别人容易忽视的问题，比如在采访现任来凤建设银行行长李甘霖时，其他媒体关注的多是后来张富清做白内障手术时的情况，但是我们却从档案、账簿入手，询问他关于张富清在田坝煤矿收贷款的事情。

三是找别人容易"漏"掉的人，比如曾经参与修建二龙山大坝的石匠罗冰清，他并没有和张富清共过事，但他是大坝的参建者，也是大坝的受益者，因此，他也被我们"装"进了筐子。

"三管齐下"。很快，张富清转业后在来凤的工作、生活逐渐清晰。

为了使细节更加丰富，能够将这一时期的张富清刻画得更为清晰，我们算是跟来凤的老地方、老物件"杠"上了——石磨盘、草鞋、旧草帽、烂蓑衣、木头房、石头房、老瓦房、旧栅栏、柴火垛、煤油灯、老水车、老风箱、水磨盘、旧仓库……，都被我们挨个儿收入镜头。

为了能在片中"复现"张富清当年的工作、生活场景，我们

还请来跟张富清身形相似的当地人"扮演"他，"记录"下他到村民家中帮忙做农活、宣讲党的政策，他扛着农具走在田埂上等，用镜头语言，重回当年。

为了体现当地交通不便、生活艰难等细节，2019年6月1日凌晨4点，我们爬上了湘鄂川三省交界的界碑处，等待日出，也是第一次亲身感受大山中的"一鸣啼三省"。

今天的我们拾级而上都已气喘吁吁，更何况当年张富清面对着这层峦叠嶂了。暂且不说虎蛇虫蚁，就连在这里行走，恐怕都会迷失方向，彼时的他所面临的困难，可想而知。

此外，我们还将恩施的民族风情融入其中，酉水河畔，土家幺妹嗓音清澈，当年装载桐油的船只，就是顺着酉水河，去向远方。

二访来凤结束后，我们再访陕西。陕西是张富清成长的地方，汉中洋县马畅镇双庙村是他的家乡。他三次担当"敢死队"队员的战役都

发生在陕西，其中最被人们所熟知的是永丰战役。我们的第一站便是永丰革命烈士陵园。在这里，我们了解到永丰战役的很多细节。此外，烈士陵园中还有很多无名英雄墓，年轻的生命在这里长眠，镜头里的他们，是墓前的一颗颗红星，对我们而言，是一次精神上的洗礼。

我们在陕西最重要的收获，是采访到了张富清的侄子和孙玉兰的妹妹。侄子从小跟着奶奶长大，小时候一直听奶奶讲伯父的故事，后来伯父有很多年都没回来，奶奶就天天坐在村口盼。孙玉兰的妹妹则还原了当时张富清上门提亲的经过，孙家人对张富清的评价等，为了进一步体现具体细节，我们还拍摄了孙家用土锅土灶做饭的场景。

拍摄结束，我将在张富清家屋顶上摘的一株植物小心地揣进兜里。

此外，我们还拜访了当年一同参加过永丰战役的其他老英雄，其中有一位还参加过中条山战役，这些当事人的讲述，为我们对张富清战争时期的细节打磨，

提供了鲜活的素材。

再见老英雄

三访来凤，我们与张富清老人一家都成了朋友。采访他的孩子们，也成了水到渠成的事情。这一点，张昌旭主任给我们这些年轻后辈上了很好的一课——

一是集中注意力抓核心、抓细节、抓机会，只要是有可能为片子服务的，绝不放过。

二是尽可能地与人交流，机会不会从天而降，找准机会、抓住机会的关键还是在人。

三是不怕难、不怕磨，只要功夫下得深，铁杵也能磨成针。

这一次，我们拍摄到了更多、更丰富的内容。张富清的妻子、孩子、办理退伍军人事务的同志等等，都成为我们镜头下的讲述者。我们还围绕张富清的生活环境，拍摄了很多来凤元素的镜头，例如带有来凤风味的食物、来凤

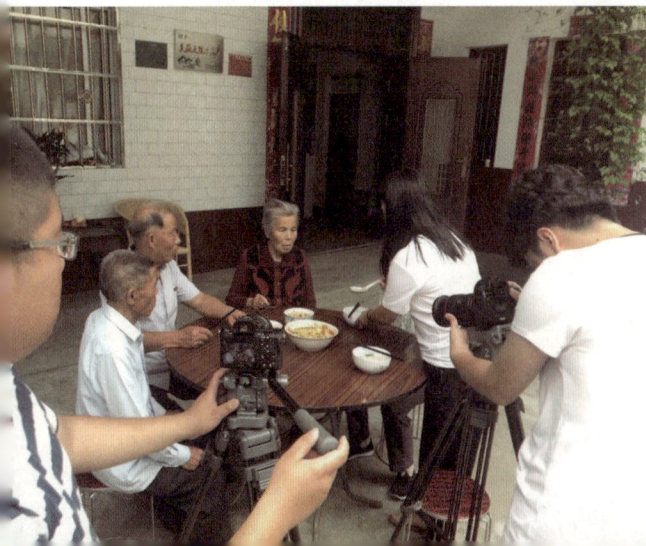

老百姓的生活状态等等。张主任还给老英雄张富清带来了家乡的醋作为礼物，张老浅尝一口便说道："嘿，还是那个味儿！"

之前从张富清家屋顶上摘下来的小植物，我一拿出来，孙玉兰老人就认出，这是老家常见的瓦丛（音），她接过去，认认真真地栽在了花盆里。

这次的经历，让我深深地感受到，我距离一名纪录片人的距离有多远，成为一名优秀的纪录片人有多不容易，首先得打破壁垒，成为"社牛"，还要耐得烦、下得蛮，坚信没有什么事情是干不成的，一定要有这种定力和努力，才有可能拍出好的作品。这是当时刚入行的我，学到的特别重要的一课。

还有一个让我印象深刻的细节。张老所在的359旅，现在属于新疆某部，提起过去的战友他会流泪，但提到现在的359旅，他又特别

憧憬，我笑着说："您好好养身体，把身体养好了，咱就能去新疆看看了啊！"他特别开心，竟然马上伸出手指要跟我拉钩！老人真是太可爱了！

　　经历了整个拍摄阶段，我也找到了当初那个疑问的答案，就是张富清到底是个什么样的人？一句话回答，他是个共产党人。

　　以后如果有机会再做人物类纪录片，我想我肯定不会像当初拍张富清老人家时那样手足无措，毕竟经历了学习和成长。回望我们的整个拍摄，每一步实际上都在重走英雄路，英雄用人生给我们做了榜样，虚心学习，努力向前才是正道。

（湖北广播电视台）

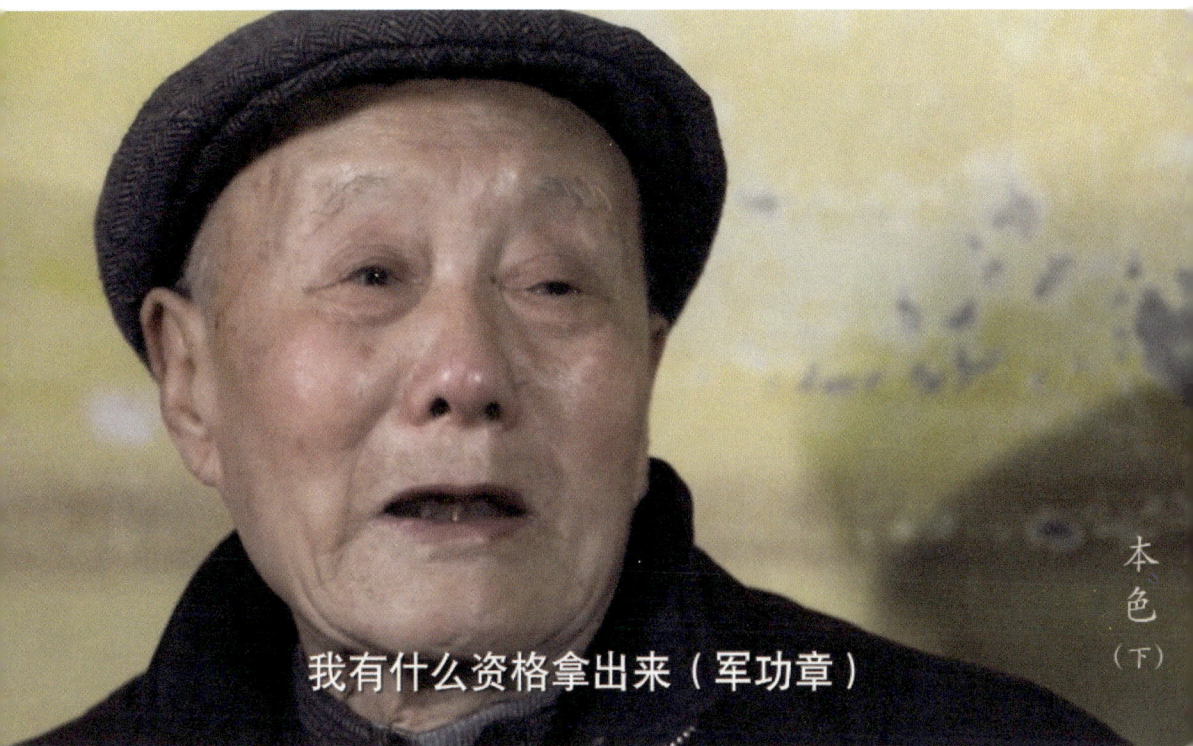

我有什么资格拿出来（军功章）

本色（下）

纪录片《本色》剧照　张富清接受采访

纪录片《本色》剧照
采访来凤县退役军人

纪录片《本色》剧照
采访《湖北日报》记者张孺海

纪录片《本色》剧照
采访《湖北日报》记者张欧亚

纪录片《本色》剧照
采访张富清

纪录片《本色》剧照
《湖北日报》记者采访张富清

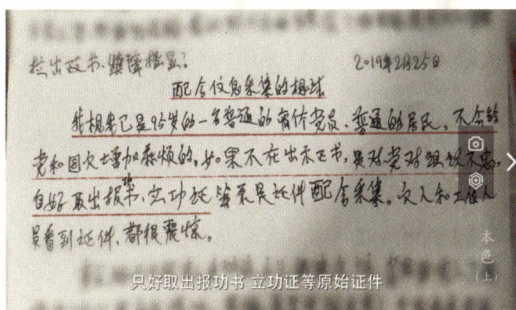

纪录片《本色》剧照
张富清军功章及报功证书登记
以后写的日记

纪录片《本色》剧照
张富清陕西洋县老家

纪录片《本色》剧照
伴随张富清65年的搪瓷缸印刻
着岁月的痕迹

纪录片《本色》剧照
来凤县区位图

纪录片《本色》剧照 年轻时的张富清夫妇

纪录片《本色》剧照
五十年代时的来凤县城一角

纪录片《本色》剧照
七十年代张富清带领群众修挂壁公路

纪录片《本色》剧照
六十年代时的三胡区一角

纪录片《本色》剧照
采访张富清老伴孙玉兰

纪录片《本色》剧照
采访张富清小儿子张健全

纪录片《本色》剧照
采访张富清小女儿张建荣

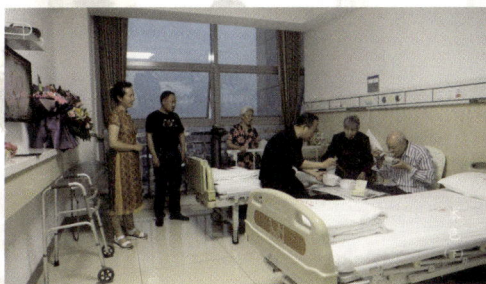

纪录片《本色》剧照
小儿子小女儿陪着张富清
二老在病房，其乐融融

到部队寻访张富清的精神源头

■ 黄伟麟

张富清隐姓埋名六十年，一辈子不改本色。在部队他出生入死，冲锋在前，荣立一等功三次，二等功一次，被西北野战军荣记特等功，两次获得"战斗英雄"称号。到地方，他初心不改，为民造福。他的事迹一经发现，立即在全国引起了广泛关注，人们在盛赞英雄的同时不禁要问，支撑张富清舍生忘死、淡泊名利的信念来自哪里？而这也正是纪录片《本色》要寻找的答案。

2019 年 7 月，摄制组从武汉来到新疆轮台县找到了张富清曾经服役过的部队 359 旅 718 团。我们到达时，部队已开往戈壁滩无人区进行为期三个月的夏训。前来接我们的部队越野车满身尘土，开车的河南籍老兵陈超刚过完 24 岁生日。陈超话语不多，当兵 5 年，他现在已是一名尖刀班班长。当谈起老英雄张富清时，陈超的话开始多了起来，他表示能到英雄曾经战斗过的部队服役是他的荣幸。

汽车在戈壁滩上前进，卷起阵阵尘土。戈壁滩一望无际，骆驼刺扎根荒漠，为戈壁抹上了一层顽强的绿色。经过两个小时的车程，我们到达了部队的驻训地，在一处地势较高的坡地下，数十顶军营大帐篷分成几个区围绕着训练场纵向排列着，灰绿相间的迷彩篷布与戈壁滩融为一体，背后数十公里外就是天山山脉。一眼望去，天山由西向东犹如连绵蜿蜒的巍峨长城，又像是苍茫雄浑的腾渊蛟龙，在它的映衬下，天地一片苍茫。训练场上士兵们正在进行越障训练，生龙活虎，生机勃勃，让人忘记了这里早已是常人无法抵达的戈壁深处。

这究竟是怎样的一支部队，是什么样的精神锻造了张富清？

政委王英涛接待了我们。王政委介绍说，在不久前结束的陆军"轻突奇兵"比武中，718团夺得了步兵战斗小组第五名和第七名的成绩，分列新疆军区参赛小组的前两名，在夜间自动步枪射击单项科目较量中获得陆军第一名。王英涛说，"2连作为老英雄张富清所在的老连队，在这次比武中取得的名次最多，训练不怕苦，打仗不怕死，没有给老英雄丢脸。"

在政委的安排下，摄制组下到2连体验部队生活和拍摄。2连的张连长来自安徽，个子不高，精壮结实。在他的带领下，我们来到营外一片空地，观摩2连的战术突击训练。战士们动作敏捷娴熟，每个人的手上都生满老茧，这是长期在戈壁上摸爬滚打的结果，即使这样有几名战士也受到了班长的严厉批评。在交流中，张连长讲述了他的带兵之道，那就是要有"狠的胆魄"、"狠的决心"和内心装着军人的责任。听了张连长的讲述，我第一次感受到了"军人"这两个字的深刻含义，那就是穿上这身军装，"军人"就扛起了保家卫国的责任，就意味着在国家危难时刻，"军人"必须冲锋在前，与敌人展开面对面的生死较量。一个看似简单的战术动作，练好了就增加了获胜的机会，就能在较量中活下来；练不好就意味着"牺牲"。

2018年，某部奉命前往与某国相邻的边界地区执行任务，在与对方的对峙中毫不退缩，战士们勇敢顽强，为国家的领土完整筑起了一道铜墙铁壁。张连长说，"在错综复杂和异常艰苦的环境下，正是战友们心中有了保家卫国的责任和过硬的军事本领，才能踏平一切困难取得胜利。"

"报效国家"是军人的天职，在和平年代是如此，在战争年代更是如此。从这群年轻的军人身上，我仿佛看到了张富清的身影，看到了他革命军人的底色。

出身贫困的张富清深知百姓的苦，在解放战争最后的一年，渴望过上好日子的他遇到了中国共产党领导的部队，为百姓打天下的中国共产党给张富清注入了无穷动力，他毫不犹豫地加入了解放军，战场上张富清舍生忘死，他只有一个目标，那就是消灭敌人，在中国共产党的领导下推翻一切压迫阶级，建立一个新的国家，为百姓谋幸福。

经过三天时间的采访和拍摄，摄制组不仅拍到了战士们紧张有序的训练，也理解了"军人"的真正内涵，找到了张富清淡泊名利、不忘初心的根本所在，那就是中国共产党所领导的部队"报效国家"的责任，就是中国共产党"一切为了人民"的立党之本。

拍摄张富清老人的最大遗憾

■ 袁玲

"雄赳赳，气昂昂，跨过鸭绿江……"1950年，抗美援朝战争爆发。1953年，屡立战功的张富清，又一次准备奔赴战场。不料，正在此时朝鲜板门店传来停战消息。张富清和战友们被安排到中国人民解放军防空部队文化速成中学学习。战场没有去成，张富清踏上了去武汉学习的路途。

正是在这长江之滨，他洗尽战场的尘硝，重塑一个文化的魂灵，同时也完成了人生一件大事。在武汉学习的第二年1954年，张富清抽空回了趟家乡陕西洋县去相亲，对象就是同村小自己11岁的共青团员、妇女主任孙玉兰，随后二人两地分离鸿雁传情。1955年孙玉兰不远万里，来到武汉和张富清结为夫妇。新婚宴尔，这对新人就从这里选择向西、再向西，携手奔赴恩施莽莽大山。

因此，武汉，是夫妻两人生中一次温馨而短暂的停留地，也是他们人生的一次重大转折点，是张富清前半生战功赫赫的结点，是他后半生隐藏功名的开始。

那么，在武汉，他们学习生活的地方、具体地点会在哪里呢?

中国人民解放军防空部队?我首先想到的是位于汉口的空军预警学院,它组建于 1952 年,前身是中国人民解放军防空学校(武汉)和雷达学校(南京)。时间上是吻合的。

我赶紧打车到汉口,和学院宣传部门联系。学校确实组建于 1952 年,从南昌搬迁到武汉正是 1953 年,但文化学习班并没有存档显示。

正在焦虑的时候,《本色》负责恩施拍摄的前方导演和张富清的妻子联系后告知:因时间已经过去半个世纪,孙玉兰老人模糊的回忆当时是在武昌,应该离司门口不远。这下,中国人民解放军防空学校(武汉)就可以排除了,因为学校 1953 年从南昌搬迁过来就一直在汉口进行基础建设,从未在武昌办分校或者学习班。于是这条线只能放弃。

既然孙玉兰老人回忆在武昌,那么二十世纪五六十年代在司门口附近建学校学习的还有哪些单位?

自朝鲜停战谈判开始以后,战场形势趋于稳定,中央军委再次确定全军执行以文化教育为主的方针,掀起学习扫盲热潮,文化速成班方兴未艾。

资料显示,1953 年解放军防空学校(部分资源)改建为中南军区师范学校,1955 年更名为广州军区第三文化学校。湖北省委老领导沈因洛 1953 年 3 月至 1961 年 3 月曾担任中南军区第三文化速成中学副政委,时间上是吻合的,那么会不会是这所学校呢?

于是赶紧去湖北省军区了解,可惜因为时间太久,部队改编频繁，老同志都已不在人世，他们目前可以确定的是在武昌司门口附近的紫阳湖，曾创办过武汉军区子弟全寄宿学校，但时间是1960年8月。这条线又不得不放弃。……

我好像无数次地接近了历史，结果又被现实的浪涛打回原地。

当然，地点不知道在哪里拍摄，并不意味着影片的故事不能继续。反而需要更用心地去打造、去还原，无限地靠近。

这是夫妻俩清贫生活里难得偷来的一点闲适时光。于是在影调上用了朦胧温暖的黄，镜头生活而琐碎。

我去淘了一面五十年代结婚的老旧镜子，去买了"为人民服务"的军书包、搪瓷茶缸，去旧书店找五六十年代部队文化速成班用过的纸张，再淘几张旧糖纸打印出来、亲手做成那个年代的硬糖。

窗外的雨淅淅沥沥。木格子窗上树影婆娑，有风轻轻地吹动白色纱布做的帘子，红双喜的脸盆里一双素手拧着干净的白毛巾，耳旁是水声哗哗……

一切朴素又安详，一切都是岁月静好的样子。

他们本可以永远这样，享受大城市的安适。可是，他们最终选择了起身远行。

他们默默收拾行李，用一块红布，包好用生命换来的勋章，用一只旧皮箱，锁住赫赫功名。

那是属于他们那一代人的风骨。没有半点犹疑。

清晨，当武昌轮渡的汽笛响起，他们把背影留给这条浩荡的大江。

从此山长水阔，万里西风瀚海沙。

应该说，这是我拍摄采访生涯中非常遗憾的一次。因为我没能拍摄到张富清老人当年在武汉学习的具体地点，为此内疚了很久。

不能走进张富清老人曾经学习生活过的空间，是令人遗憾的。

但是，想象，那年，他吹过这大江的风、看过这船上的景，他年轻的身影曾在这座城市停留。如今，我们走过他走过的路，吹过他吹过的风，听他听过的鸣笛……时间从来温柔以待，只要你认真聆听。

张富清，陕西省汉中市洋县人。

1924 年 12 月 24 日： 出生在陕西汉中洋县马畅镇双庙村一个佃农家庭。

1932 年： 8 岁，父亲张转义因病去世，与母亲张周氏、二哥张茂茂、妹妹张润莲一家四口相依为命，日子过得极为困苦，家里也没钱送他读书。

1940—1943 年： 经人介绍，到邻县城固县宝山镇元石庙村一孟姓地主家打长工。

1943 年夏： 辗转至城固县宝山镇东窑村一王姓地主家继续打长工，中途曾接受过中共地下党的教育。

1945 年春： 二哥张茂茂被抓壮丁，母亲张周氏迫于生计，无奈让他顶替了张茂茂。但因其身体羸弱矮小，洋县招募兵丁处多次未将其接走。此后，被扣留在马畅镇镇公所一年半时间，白天从事繁重的杂役劳动，晚上被关押以防逃跑。

1946 年 8 月： 被洋县补训处纳入兵丁名单之列，送往国民党部队。

1946 年 10 月： 被编入国民党部队，成为其中的一名勤杂兵，受尽国民党官兵的欺压和辱骂，因不堪受欺压，两次开小差都没有逃脱。为此，在国民党军营感到心灰意冷，生不如死，人生道路一片黑暗。

1948 年 3 月：所在的国民党部队被西北野战军包围并消灭。在前方战斗打响后，作为勤杂人员，趁机脱离了部队，摆脱了国民党官兵的控制和欺凌。在黄龙县瓦子街镇，毅然决然地参加了中国人民解放军，成为西北野战军第 2 纵队第 359 旅第 718 团第 2 营 6 连的一名战士。

1948 年 3 月至 7 月：参加了西北野战军以"诉苦"及"三查三整"为主要内容的新式整军运动。其间，被安排到连队的爆破突击队，进行爆破、射击、投掷等军事技能强化训练。经过刻苦训练，作战技能进步神速，各项军事训练指标排名靠前。

1948 年 8 月：首次参战，在壶梯山战斗中主动请缨任突击组组长，攻下敌人碉堡一个、打死敌人两名、缴获机枪一挺，并巩固了阵地，为大部队顺利前进扫清了障碍。此次战斗，获师一等功并被授予"战斗英雄"称号。此次战斗后，被全连支部党员一致推荐加入中国共产党，成为一名中共候补党员。在一次行军路上，6 连破天荒地为他举行了一场入党宣誓仪式。

1948 年 9 月：带领突击组 6 人，在东马村消灭外围守敌，占领敌人一个碉堡。自己负伤不下火线，继续战斗，为大部队的进攻打开了缺口。此次战斗，获团一等功。

1948 年 10 月：带领突击组在临皋执行搜索任务，发现敌人后即刻占领外围制高点，压制了敌人封锁火力，完成了截击敌人的任务，为大部队迅速消灭敌人创造了有利条件。此次战斗，获师二等功。

1948 年 11 月：永丰城战斗中，带领突击组于夜间突进城内，炸毁敌人碉堡两个，缴获机枪两挺，打退敌人数次反扑，坚持到天明，为大部队攻城扫清了最大障碍。此次战斗，获军一等功并被授予军甲等"战斗英雄"称号，由班长晋升为副排长。

1948 年 12 月初：西北野战军第 2 纵队在陕西合阳县岭壮村召开第二届军民庆功祝捷大会，司令员王震亲自给他佩戴了军功章。第 2 纵队将其事迹上报到西北野战军后，西北野战军给他加授了"特等功"。

1948 年 12 月中旬：汉中洋县的家人收到一封由西北野战军司令员兼政委彭德怀、政治部主任甘泗淇、副主任张德生签发的特等功报功书，上面写着："贵府张富清同志为民族与人民解放事业，光荣参加我西北野战军第 2 纵队第 359 旅 718 团 2 营 6 连任副排长，因在陕西永丰城战斗中勇敢杀敌荣获特等功，实为贵府之光我军之荣。特此驰报鸿禧。"此后，西北野战军司令员兼政委彭德怀下到第 2 纵队视察时，亲切接见了他。

1949 年 2 月：西北野战军改称为中国人民解放军第一野战军，彭德怀任司令员兼政治委员。第 2 纵队改称中国人民解放军第 2 军，王震任军长兼政治委员。第 359 旅改称步兵第 5 师，师长徐国贤，政治委员李铨，下辖第 13、第 14、第 15 团。他所属的第 718 团改称为第 14 团。

1949 年 4 月 21 日：毛泽东主席、朱德总司令向人民解放军发布向全国进军的命令，号召人民解放军全体指战员奋勇前进，坚决、彻底、干净、全部歼灭一切敢于抵抗的国民党反动派，解放全国人民。他在第 5 师师部接受了以大、中城市为主要攻击目标的整训练兵训练。整训练兵结束后，晋升为排长。

1949 年 5 月： 因军事素质过硬，被调至第 2 军直辖的教导团，在第 2 营任一个中队的副队长，担负着对新兵、士兵骨干的军事训练任务。

1949 年 7 月至 9 月： 第一野战军相继发起扶眉战役、兰州战役，歼灭了胡宗南、马步芳集团精锐后，转入战略追击，相继解放了陕、甘、宁、青四省的广大地区。所在的教导团跟随第 2 军一路西征，沿途接收俘虏，改造训练，为前线部队补充兵力。

1949 年 9 月 25 日、28 日： 国民党新疆警备总司令陶峙岳和新疆省政府主席包尔汉先后通电，率新疆国民党军政当局和平起义。9 月 28 日，第一野战军前委发出《关于入新工作给一、二兵团党委，二、六军党委，战车营的指示》，就进军新疆问题作出了具体部署，命令第 2 军向南疆进军。所在的教导团在短时间内完成了进军新疆的一切准备工作，整装待发。

1949 年 10 月 1 日： 新中国成立，同教导团官兵在张掖至酒泉的路上行军。

1949 年 10 月 12 日： 同教导团官兵从甘肃酒泉出发，向新疆挺进，11 月 7 日进入新疆哈密。在此停留一个多月，其间，他参与部队镇压了叛军（原国民党军第 533 团）。

1949 年 11 月 29 日： 第 2 军教导团徒步向吐鲁番进发。途经鄯善，在那里进行了集体换装。这是他自 1948 年 3 月参加解放军以来，第一次换上了新鞋子、新棉衣。12 月中旬，到达吐鲁番。在此，部队进行了十多天的休整，并在这里度过了 1950 年的元旦。

1950 年 1 月下旬： 第 2 军教导团从吐鲁番出发向喀什进军。中途经焉耆、库尔勒和阿克苏等城市。3 月 28 日，同教导团的官兵徒步行军 38 天，行走 1400 多公里，于 3 月 28 日，到达新疆重镇——喀什。

1950 年 4 月至 1951 年 3 月： 同教导团官兵到达喀什疏勒县的草湖，在那安营扎寨，开展垦荒大生产。按照开垦地区区域的划分，全团划分了 16 个区。每个区任命正副区队长及管理排长，下设若干个小队，小队中 3 人一组，又分为若干组。他被任命为第五区队长。其间，获得了由西北军政委员会颁发的"解放西北纪念章"和"人民功臣"奖章。

1951 年 4 月至 1952 年 3 月： 随教导团离开了草湖地区回到喀什。在这里，同官兵一道开展了为期一年的营房建设。其间，第 2 军军长郭鹏、政委王恩茂为第 2 军军人签发了军人证明书，他也得到了一份由中国人民解放军第 2 军政治部印制的军人证明书。

1952 年 4 月： 营房建设任务圆满完成后，所在的第 3 营成为边卡营，接手了边疆防守任务。此后，一边开展军事训练，一边开展军事防务和边境布防工作。

1952 年 12 月： 为响应国家"抗美援朝，保家卫国"的号召，主动报名援朝参战。

1953年1月15日： 第2军教导团政治处为准备奔赴朝鲜战场的他补发了立功证书。

1953年1月下旬： 同新疆军区抽调的其他援朝参战人员从喀什出发，沿着1950年入疆的道路再一次开始"长征"，向4000多公里之外的北京进发。1953年3月初，到达北京。

1953年4月： 因朝鲜战争形势缓和，抽调集中的人员不需要入朝参战。中央军委作出决定，将这批抽调人员安排到中国人民解放军防空部队文化速成中学补习文化。自此，迎来了人生中第一个正规接受正规文化教育的机会。

1953年4月至7月： 被安排到天津防空部队文化速成中学开展第一学期的学习。

1953年8月至12月： 被安排到武昌防空部队文化速成中学开展第二学期的学习。

1954年1月至5月： 被安排到江西防空部队文化速成中学开展第三学期的学习。其间，受到了"全国人民慰问人民解放军代表团"的慰问，得到一组慰问品：纪念章一枚、搪瓷缸一个、慰问手册一册。

1954年6月： 向学校请了探亲假，回到了阔别8年的家乡。经人介绍，与同村姑娘、村妇女副主任孙玉兰确立了婚姻关系。

1954年7月至1955年1月： 被安排到武昌防空部队文化速成中学开展第四学期的学习。12月底，从部队文化速成中学毕业。面临复员，积极响应组织的号召，放弃在大城市及回家乡工作的机会，毅然选择到湖北最艰苦的地方——恩施地区支援建设。其间，与未婚妻孙玉兰在武汉登记结婚，并在学校举行了一场极为简单的婚礼。

1955 年 2 月 12 日： 带着新婚妻子孙玉兰来到条件极为艰苦的来
凤县，被组织上安排在来凤县粮食局工作。从这一天起，把
自己在解放战争中立下的赫赫战功以及受中央军委重点培养
教育的这段特殊经历全部封存、"封口"，压至箱底、心底。
然后，拿着转业证、介绍信向组织报到，以一个普通军转干
部的身份出现在来凤县。

1955 年 2 月至 5 月： 在城关粮店任主任。其间，克服重重困难，
为城镇居民解决了精米供应十分困难的问题。

1955 年 6 月： 在城关粮店工作 4 个月后，来凤县党总支委员会委
托粮食局党支部对其工作进行考察。得到的考察结论是：该
同志"能够带头干""群众反映极好"。

1955 年 6 月： 被提拔为副区级干部，被组织上任命为县粮食局副
局长。

1955 年 11 月： 大女儿张建珍出生。

1956 年 4 月至 1957 年 2 月： 被安排到县纺织公司任经理，并任
县百纺公司和县纺织品公司联合党支部书记。其间，根据
县政府的要求，将来凤县两家大的私营染坊——"合记染
坊""大生织布厂"并入国营染织厂。将厂址设在城关镇老
虎洞处的国营染织厂搬迁到县城西和平路，为来凤县纺织品
的发展打下了良好的基础。

1957 年 3 月： 获得人生中第二次学习机会，被组织上选派到恩施
地委党校脱产学习两年。在征得组织的同意后，带着妻子、
女儿在恩施城住下，开始了党校的学习。

1957 年 10 月：第二个孩子张建国出生。

1959 年 1 月：在恩施地委党校最后一个学期结束前，向学校请了探亲假，带着妻子和两个小孩回了一趟老家。母亲张周氏、岳父孙瑞祥、岳母高易华轮番给他做工作，要求他回洋县工作。但他没有满足三位老人的心愿，最终还是留在了来凤县工作。

1959 年 3 月：被组织上安排到来凤县穷得出名的地方 —— 三胡区工作，被任命为三胡区党委委员、财贸科科长。

1959 年 4 月：被任命为三胡区副区长。按照班子分工，分管财贸和机关。借助自己在城关粮油所、县纺织品公司实行的"三步工作法"，分管财贸工作不到一年，三胡区的财贸工作起色很大，被来凤县财贸战线评为先进单位，他也被评为先进个人。这一年，妻子孙玉兰跟随他到了三胡区后，按照优抚政策，被安排了正式工作，成为三胡区供销社的一名售货员。

1960 年 6 月：三胡区境内再次出现大旱，选择旱情最为严重的大塘大队蹲点抗旱。其间，带领 4 名群众在三胡区石桥大队半山湾寻找水源。在那里，他不顾危险，身先士卒地探入麻坑洞中，找到水源并将水引出。其间，二哥张茂茂两次发来电报，告知母亲病危和去世，要求他回家。因抗旱救灾等工作原因，他没有回去见母亲最后一面以及办理丧事。

1960 年 10 月至 1961 年 4 月：在缺吃少穿极度困难的情况下，组织两个大队的群众，在麻坑洞前修建了拦水坝，并在半山腰上修建了 6 公里水渠，其中有 150 米水渠"悬挂"是修在悬崖绝壁上。彻底解决了大塘、石桥大队等地人畜饮水和农田灌溉难题。

1961 年 5 月：派人"三顾茅庐"，从湖南永顺县第二机械厂引进了一名人才——铁匠杨圣，解决了三胡区"三小农具"极度缺乏，严重影响农业生产的问题。其间，第三个孩子张建荣出生。

1961 年 10 月：为了将国家精简人员的政策执行到位，从自己头上"开刀"，说服本不属于精简对象的妻子孙玉兰辞去了公职。从此，一家人的生活长期陷入困顿之中。

1962 年 3 月：根据三胡区委班子成员都下到大队蹲点发展粮食的要求，主动选择最困难的一个大队——文坪人民公社大地垄大队驻队，并住在第 10 生产队最贫困的社员谢银书家中，长期同群众同吃同住同劳动，帮助大队和生产小队发展粮食生产，解决老百姓吃饭问题。

1962 年 11 月：第四个孩子张健全出生。

1963 年 3 月至 1964 年 12 月：为解决狮子桥、梨园等大队几千亩农田的灌溉问题，主导修建了三胡狮子桥水利水电工程。在极端困难的情况下，带领近 400 名群众拿着锄头、撮箕、钢钎等极其简单的劳动工具，战天斗地，历时近两年，修建了一座引水土石重力坝、600 多米灌溉水渠及一栋发电厂房。既解决了几千亩农田的灌溉问题，又给土苗山寨安上了电灯，送去了光明。其间，因常年不在家，8 岁的大女儿张建珍因发烧没有得到及时救治，落下了脑炎后遗症，导致终身残疾。

1965 年 6 月至 1966 年 10 月：主导在二龙山处修建大坝，建提水灌溉工程。在极端困难的情况下，带领 300 名群众用极其简单的劳动工具，历时近一年，修建了一座土石重力坝，建起水泵站，彻底解决了三胡革勒车人民公社光明大队二高山上千亩农田灌溉难的问题。

1966 年 8 月至 10 月：请铁匠杨圣对水轮泵进行技术改造，让水轮泵发挥了一箭三雕的作用：不仅可以灌溉农田，还可以为 5 个大队的群众碾米，并为附近光明第 5 生产队 60 多户人家发电照明。

1966 年底：受"文化大革命"的冲击，同三胡区的几名主要领导一道，被作为"走资本主义道路的当权派"打倒。此后，被撤销党内一切职务，被扣发工资，只保留基本生活费。

1967 年至 1974 年：被人诬陷，被扣上"五类分子"中的"反革命分子"帽子，下放到三胡区最边远的生产队进行监督劳动改造。因长期不能回家，妻子孙玉兰在三胡集镇拉扯着四个孩子，艰难度日。

1974 年 11 月：组织上查清了他的个人历史和成分，证明了他的清白，并恢复了他的工作。

1974 年 12 月至 1975 年 9 月：调至卯洞公社，任革委会副主任，分管财贸和机关。本不需蹲点包片的他，主动提出蹲点离公社最远、条件最差的高洞管理区。建议公社发展油桐产业，并身体力行主抓全公社油桐生产，从油桐树的垦复、管理，桐籽的剥出、收购，桐油的加工和外销等方面出台了一系列硬性措施和管理制度，很快将油桐发展了起来。一年后，在湖北省工业用油生产、收购经验交流会上，来凤县卯洞公社革委会以《坚持以阶级斗争为纲，大力发展油桐生产》为题做了典型经验交流发言。其间，他手中掌握着一个国营企业招工指标，大儿子张建国正好符合条件。不仅没有让张建国去，反而让儿子带头当了知青，到公社的一个林场去从事劳动生产。

1975 年 10 月至 1976 年 4 月：带领高洞管理区 3 个大队千名群众，开垦荒山，植树造林上千亩。一次，身中漆毒，情况十分严重，一直不肯下火线。后来，在群众的强烈要求下，到公社卫生院住院治疗一天，稍微好转，又回到了高洞。

1977 年 5 月至 1978 年 3 月：为解决高洞管理区 2000 多名土苗儿女世世代代出行难的问题，主导修建高洞到安抚司的 7.5 公里"挂壁"公路。通过多方协调，公路于 1977 年 11 月破土动工。已年满 53 岁的他带领近千名群众在此日夜奋战，历时 4 个多月，终于修通了这条难度极大的民心公路。

1978 年 11 月至 1979 年 4 月：又主导修通了上高洞的十余里公路。

1979 年 6 月：在乡镇连续工作 21 年的他调至来凤县城，任外贸局副局长。

1979 年夏：大儿子张建国从来凤县师范学校毕业。分配工作时，没有向县里任何人打招呼，要求儿子服从组织安排。张建国最终被分配到离城镇较远、条件极差的一所村小教书。

1979 年 7 月至 1981 年 8 月：分管外贸业务工作，虽然已年过 55 岁，但工作起来仍激情似火，犹如一台不知疲倦的机器。在他没日没夜的艰辛努力下，外贸局的业务一举扭转了之前的被动局面，实现了扭亏增盈。至 1980 年底，所有外贸业务均实现了 20% 以上的正增长。

1981 年 9 月至 1984 年 12 月： 调至建设银行来凤县支行，被任命为副行长，主持全面工作。面对"白纸"一般的建设银行，他从零起步，披荆斩棘，至 1984 年底，来凤县建行相继盖起了全县最好的办公楼和最好的职工宿舍楼。全行职工也由当初的 7 人增加到 40 多人。建行的各项业务越做越大，实现了跨越式发展。

1984 年 9 月： 组织上给县建设银行一个工资提档增薪指标，只有他和另一个人符合条件。但为了建设银行的发展，将本应属于他的这个指标，让给了另一个人。

1985 年 1 月： 从建设银行来凤县支行离休。

1986 年 7 月： 和老伴孙玉兰回到了阔别 28 年的故乡——洋县双庙村，拜祭了 1960 年去世的母亲张周氏，以及 1972 年去世的岳母高易华。

2012 年 5 月： 因左膝关节感染，引发了真菌性败血症，不得不在湖北省人民医院做了高位截肢手术。手术后，为不给组织添麻烦，不给子女增负担，穿戴上假肢训练近一年，重新站立起来，并能上街走动，基本上恢复了之前的正常生活。

2018 年 10 月： 在恩施州中心医院动眼睛白内障手术，来凤县建设银行领导及他的子女都要求他换质量好的贵一些的人工晶体，但最终他却坚持换了最便宜的人工晶体。他对人说出了自己的真实想法：离休了，不能给国家做事了，唯一能做的，就是为国家节省一点是一点。

2018 年 12 月： 出于对组织的忠诚，他拿出深藏 60 余年的军功章进行了退役军人信息采集登记。此时，子女才知晓他是一名战斗英雄，在解放战争中立下了赫赫战功。县里要宣传他，但他不同意。

2019 年 2 月 14 日：《湖北日报》、《楚天都市报》3 名记者到来凤，以省里来人身份了解他过去打仗的相关情况。他认为是组织上来人了解情况，便说出自己 1948 年参加战斗立功受奖的一些情况。

2019 年 2 月 15 日：《从不提当年勇，直到退役军人信息采集时才发现——95 岁老人是功勋卓著的战斗英雄》、《战斗英雄深藏功名六十四载》两篇报道分别在《湖北日报》和《楚天都市报》刊发，在社会上引起强烈反响。

2019 年 2 月至 6 月： 通过做工作，他同意接受采访。此后以"突击队员"的姿态接受中央电视台、新华社、《人民日报》、《光明日报》、《解放军报》等多家重点媒体近 50 场次的采访。多次采访都是忍着病痛完成的。

2019 年 5 月： 中共中央总书记、国家主席、中央军委主席习近平对他的先进事迹作出了重要指示。

2019 年 6 月： 中央宣传部决定向全社会公开发布他的先进事迹，授予他"时代楷模"称号。其间，《时代楷模发布厅》录制活动在湖北省来凤县举行。这是中央广播电视总台破例在北京之外的地方为获得"时代楷模"称号的人举行的一次录制活动。

2019 年 6 月 27 日：中共中央决定，授予他"全国优秀共产党员"称号，号召广大党员、干部、部队官兵和退役军人向他学习。

2019 年 7 月 1 日：中央组织部有关负责同志到他家中看望慰问，现场给他颁授了"全国优秀共产党员"证书、奖章，并转达习近平总书记和党中央对他先进事迹的充分肯定、对他本人的关心慰问。

2019 年 7 月 26 日：人力资源和社会保障部、中共中央组织部、退役军人事务部、中央军委政治工作部等军地相关部门联合表彰他为"全国模范退役军人"。在北京，受到了中共中央总书记、国家主席、中央军委主席习近平亲切接见。

2019 年 9 月 5 日：获得第七届全国道德模范——"全国敬业奉献模范"荣誉称号。

2019 年 9 月 17 日：全国人大常委会第十三次会议通过《全国人民代表大会常务委员会关于授予国家勋章和国家荣誉称号的决定》，成为 8 名"共和国勋章"获得者之一。

2019 年 9 月 25 日：中央宣传部、中央组织部、中央统战部、中央和国家机关工委、中央党史和文献研究院、教育部、人力资源和社会保障部、国务院国资委、中央军委政治工作部决定，授予他"最美奋斗者"称号。

2019 年 9 月 29 日：在"共和国勋章"授勋仪式上，中共中央总书记、国家主席、中央军委主席习近平亲自为他颁授"共和国勋章"奖章。

2019 年 10 月 1 日：中华人民共和国成立 70 周年大会隆重举行，

被邀请参加 10 月 1 日的国庆阅兵观礼。这天上午，他同党
和国家领导人一道在天安门城楼上观礼，见证祖国的强大
繁荣。

2019 年 12 月：被评选为"感动中国十大人物"。

2020 年至 2022 年：经历了 2019 年极不平凡的一年后，仍像
1955 年一样，将获得的多项国家荣誉奖章和证书保存起来，
不再轻易拿出来。仍旧住老房子，过老生活，回归平常。

2022 年 12 月 20 日：于武汉去世，享年 98 岁。